보통 아빠와 함께하는 특별한
진로 여행

보통 아빠와 함께하는 특별한 진로 여행

초판 1쇄 발행 2024년 4월 30일

지은이 정태준
펴낸이 장길수
펴낸곳 지식과감성#
출판등록 제2012-000081호

교정 한장희
디자인 강샛별, 서혜인
편집 서혜인
검수 이주희, 이현
마케팅 김윤길, 정은혜

주소 서울시 금천구 벚꽃로298 대륭포스트타워6차 1212호
전화 070-4651-3730~4
팩스 070-4325-7006
이메일 ksbookup@naver.com
홈페이지 www.knsbookup.com

ISBN 979-11-392-1772-8(03370)
값 14,500원

- 이 책의 판권은 지은이에게 있습니다.
- 이 책 내용의 전부 또는 일부를 재사용하려면 반드시 지은이의 서면 동의를 받아야 합니다.
- 잘못된 책은 구입하신 곳에서 바꾸어 드립니다.

지식과감성#
홈페이지 바로가기

우리 아빠들이 자녀의 든든한 나침반이자 후원자, 멘토가 되어 주자

보통 아빠와 함께하는 특별한
진로 여행

정태준 지음

"여러분이 이 책을 읽고 변화하는 아빠 그리고 자녀의 진로와 직업을 함께 고민하는 아빠가 되었으면 합니다."

지식과감성#

추 천 사

아버지와 두 아들이 함께 책을 펴냈다. 아버지는 과거의 인생 경험으로 길을 제시하고, 두 아들은 미래에 대한 희망으로 적성을 찾아간다. 삼부자의 고민이 어우러져 멋진 책이 탄생했다. 미래에 대한 막연한 기대감만 있는 부모와 막막한 앞날을 고민하는 자녀라면 이 책을 꼭 읽어 보길 바란다.

— 김동훈(前한국기자협회 회장·한겨레신문 기자)

자녀의 진로와 직업에 관심이 없는 부모가 있을까? 어떤 부모든 내 아이가 힘들지 않게 진로를 선택하고 직업을 찾기를 바랄 것이다. 이 책은 엄마가 아닌 아빠가 두 아들과 함께 진로와 직업에 대해 진실되고 솔직하게 이야기하고 살아 낸 이야기라 더욱 특별하다. 더없이 반갑고 기쁘다. 이 책을 읽으면 자녀들과 다양한 경험을 하고 싶은 바람이 생길 것이고, 내 아이에게 얼른 이야기해 주고 싶다는 마음이 들 것이다.

— 한재윤(영화국제관광고등학교 국어교사)

딸에게 조심스레 조언을 건넬 때, 여러 아빠와 이야기 나눌 때 늘 품어 왔던 갈증을 맥주처럼, 사이다처럼 풀어 주는 책이다. 자녀의 미래를 고민하는 아빠들에게 일독을 권한다.

―― 김혜준(사단법인 함께하는아버지들 대표)

프 롤 로 그

 2024년 요즘 방송이나 신문 기사를 보면 희망적이고 미래 지향적인 이야기보다는 암울한 경기 지표나 모두가 어렵다는 이야기가 주를 이루고 있습니다. 또한, 취업 준비생들은 좋은 일자리가 없다고 합니다. 물론 시기에 따라 차이가 있었지만 좋은 일자리를 찾는 것은 어느 때나 쉽지는 않았습니다. 그러나 진로 취업 전문가의 입장에서 볼 때, 2024년 현재는 청년들에게 정말 어려운 시기임에는 틀림이 없습니다.
 하지만 이 어려운 시기에도 누군가는 우리가 소위 말하는 좋은 일자리를 몇 개씩 합격하고 어디를 갈까 고민하고 있습니다.
 왜 이런 차이가 일어나는 것일까요? 여러 가지 이유가 있을 것이고 그중에서 가장 중요한 것은 본인의 노력이라고 생각합니다. 그러나 이런 노력을 하게 하는 동기부여나 또 청소년 시기부터 자녀의 진로 방향에 대해 함께 이야기하고 방향을 잡아 주는 부모님과 가족의 영향이 분명 있다고 생각합니다.
 이 책은 직접 공부를 대신 해 줄 수는 없지만, 자녀와의 소통을 통해 자녀들의 미래 진로와 직업을 찾아 주고 학습에 대한 동기부여를 해 준다면 치열한 경쟁사회 속에서 우리 자녀들에게 조금이나마 도움이 되지 않을까 하는 마음으로 쓰게 되었습니다.

 나 자신이 자녀일 때는 잘 몰랐지만 자녀들을 양육하면서 정말 내 맘대로 하기 힘든 것이 자녀들이라는 것을 알게 되었습니다. 특히 사춘기의 자녀들은 더욱 힘드실 것입니다.

 하지만 힘들다고 포기하지는 않으시겠죠? 부모님 스스로 내가 살아가는 이유를 생각하면서 내가 받은 사랑과 관심을 나의 자녀에게 흘려 보내시고, 내가 받은 관심과 사랑이 부족했다고 느끼신다면 내 자녀들은 그런 경험을 하지 않도록 하겠다는 마음으로 이 책을 함께해 주시기 바랍니다.

 오늘의 저를 있게 한 데에는 저의 아버지, 어머니 그리고 형제들이 큰 영향을 주었다고 생각합니다. 진로와 직업에 대한 조언과 조건 없는 지원 그리고 막냇동생에 대한 사랑스러운 한 마디 한 마디가 오늘의 저를 있게 한 것입니다. 그리고 결혼해서는 아내가 또 많은 도움을 주었습니다. 대학원을 다니다 휴학 후 제적당해 졸업을 포기했을 때, 아내가 옆에서 응원해 준 덕분에 졸업할 수 있었습니다.

 MIT 졸업 축사를 한 드롭박스 회장 드류 휴스턴의 이야기를 전달해 드리고 싶습니다. "사람은 자신이 가장 많은 시간을 함께 보내는 다섯 명의 평균치다." 여러분의 자녀와 가장 많은 시간을 함께하는 사람 중 한 명은 아빠일 것입니다. 여러분이 자녀에게 큰 영향을 준다는 것입니다. 아빠들이 책을 많이 읽으면 자녀들도 책을 많이 읽고, 아빠들이 성실하면 자녀들도 성실하지 않을까요? 항상 어떤 결과의 원인은 나 자신이라고 했습니다. 여러분이 이 책을 읽고 변화하는 아빠 그리고 자녀의 진로와 직업을 함께 고민하는 아빠가 되었으면 합니다.

이 책에 담긴 경험을 함께한 큰아들 재홍, 둘째 아들 재웅, 고맙고 사랑합니다. 직장을 그만두고 40일간의 미국 여행과 창업을 할 때 묵묵히 지원해 준 아내 종선에게도 고마움을 전합니다. 그리고 아버지, 어머니께도 감사하다는 말씀을 전하고 싶습니다. 마지막으로 항상 막냇동생에게 관심을 기울이는 태영, 혜숙, 혜정 누나에게도 감사합니다. 이 책은 나 혼자가 아닌 내 가족과 함께 쓴 책입니다.

목차

추천사 • 4

프롤로그 • 6

PART 1
자녀의 직업 선택과 아빠의 역할

Chapter 1 아빠가 살아가는 이유? • 16

Chapter 2 아빠가 원하는 자녀의 직업 • 22

Chapter 3 노력하고 준비하는 아빠들 • 27

Chapter 4 아빠의 첫 번째 직업은 어떻게 선택되었나? • 33

Chapter 5 자녀의 직업을 어떻게 찾아야 할까? • 39

PART 2
오늘 유망한 직업이 내일을 보장하지 않는다

Chapter 1 아버지가 좋아했던 30년 전 유망 직업 • 48

Chapter 2 전문직을 권유하신 아버지, 감사합니다 • 53

Chapter 3 4차 산업혁명과 미래 직업 • 59

Chapter 4 좋은 대학이 미래 직업을 보장하지 않는다 • 64

Chapter 5 아빠도 입시 전문가 • 69

Chapter 6 성공한 사람들의 직업 • 73

PART 3
자녀의 꿈은 오늘도 진행 중

Chapter 1 하고 싶은 것을 하고 싶어요 • 82

Chapter 2 아빠 ○○이 되고 싶어요 • 87

Chapter 3 아빠 제가 원하는 학교에 가고 싶어요 • 93

Chapter 4 대학이 아닌 직업의 목표를 적어 보자 • 98

Chapter 5 아빠도 제2의 직업을 찾아보자 • 104

PART 4
여행으로 소통하고 꿈을 보여 주자

Chapter 1 여행은 자유여행으로 • 112

Chapter 2 40일간의 미국 여행 • 117

Chapter 3 칭기즈칸을 찾아서 • 122

Chapter 4 아빠랑 둘이 왔어요? • 127

Chapter 5 직업 여행을 떠나 보자 • 134

PART 5
소중한 자녀의 미래 직업, 아빠와 함께 찾자

Chapter 1 아빠는 자녀의 직업 선택을 위해 무엇을 해 보았습니까? • 142

Chapter 2 아빠와 진로·직업 찾기 Best 사례 • 147

Chapter 3 아빠와 진로·직업 찾기 Worst 사례 • 153

Chapter 4 아빠가 자녀의 진로를 결정하는 나침반이다 • 157

Chapter 5 개그맨 김영철의 성공, 일단 시작해! • 162

PART 6
가 보지 않은 길을 가 보는 것도 좋다

Chapter 1 자녀와의 대화, 어떻게 하면 잘할까? • 170

Chapter 2 왜 우리는 같은 길을 가야 하는가? • 176

Chapter 3 자녀에게 꼭 필요한 두 가지 • 180

Chapter 4 직업 정보의 바다 NCS를 알아보자 • 186

Chapter 5 직업심리검사 • 191

PART 7
부모와 함께하는 진로캠프와
부모 대상 자녀를 위한 진로특강

Chapter 1 부모와 함께하는 진로캠프 • 200

Chapter 2 부모 대상 자녀를 위한 진로특강 • 204

에필로그 • 208

PART 1

자녀의 직업 선택과 아빠의 역할

아빠가 살아가는 이유?
아빠가 원하는 자녀의 직업
노력하고 준비하는 아빠들
아빠의 첫 번째 직업은 어떻게 선택되었나?
자녀의 직업을 어떻게 찾아야 할까?

Chapter 1

아빠가 살아가는 이유?

가족의 건강과 행복을 위해 오늘을 살아가는 아빠

어느 날 문득 '대한민국의 오늘을 살아가는 아빠들의 삶의 의미와 목적은 무엇일까?' 생각해 보았습니다. 돈을 많이 벌기 위해, 사회적 명성을 얻기 위해, 자아실현을 위해 등등 많은 이유가 있을 것입니다. 그러나 많은 아빠의 궁극적인 목적은 내 가족이 건강하게 그리고 편안하고 행복하게 사는 것 아닐까 합니다.

그리고 자녀가 있는 경우라면, 내 자녀들이 건강하게 성장해서 좋은 학교, 좋은 직장, 안정된 삶을 사는 것이겠지요?

2024년 1월 새해를 맞아 오늘 저는 아빠들이 살아가는 이유가 무엇일까 하는 생각을 다시 한번 해 보았습니다.

오늘을 살아가는 많은 아빠는 우리 자녀들에 대해서 얼마나 잘 알고 있고, 자녀들을 위해 무엇을 하고 있을까요? 나름 자녀들을 잘 알고 있다고 생각하고 오늘도 가족을 위해 아침부터 저녁까지 열심히 일하고 또 일합니다.

그런데 아빠가 열심히 일해서 많은 돈을 벌어다 주면 자녀가 행복하고, 좋은 대학과 좋은 직장에 갈 수 있을까요? 이 질문에 정답은 없습니다. 어디선가 읽은 글이 생각납니다. "부모의 입장에서 해 줄 수만 있다면 좋은 대학에 입학하게 해 주고 좋은 직장에 취업시켜 주고 싶지만, 이는 돈으로 되지 않는 유일한 일이다." 돈으로 안 된다는 것을 다르게 말하면, 아빠가 자녀들에게 다른 방법으로 도움을 주어야 한다는 말입니다. 이 책의 이야기는 아빠의 의지만 있다면 대한민국 모든 아빠가 함께할 수 있는 이야기입니다.

자녀의 행복, 시작은 대화로부터

우리 아빠들이 잊고 있는 것이 있었습니다. 아빠들이 자녀와 좀 더 대화하고 시간을 갖는다면, 좀 더 열심히 일해서 좀 더 돈을 벌 때보다 우리 자녀들이 행복할 수 있습니다. 자녀들이 원하는 진로를 찾을 때, 대학에 갈 때, 전공을 선택할 때, 직업을 선택할 때 도움이 된다는 것입니다.

아빠가 너무 바빠서 자녀들을 볼 시간이 없어 대화가 단절돼 관계가 악화되고, 다시 회복되는 데 많은 시간이 걸리는 예를 종종 볼 수 있습니다. 과연 누가 더 노력했어야 할까요? 당연히 아빠입니다. 자녀와 함께하는 것이 우리 아빠의 역할이고 의무이자 책임이기 때문입니다.

저도 아들과 작은 오해로 몇 달간 이야기하지 않고 지낸 적이 있습니다. 누가 이기나 한번 해 볼까 하는 생각도 있었고, 이 기회에 버릇을 고쳐 보자는 생각도 있었습니다. 그러나 먼저 손을 내민 것은 바로 나, 아빠였습니다. 여러 번의 시도 끝에 아들과 터놓고 이야기하면서 어렵게 관계를 회복한 경험이 있습니다. 자녀와 관계가 안 좋아지는 경험을 해 본 분은 아시겠지만 서로가 정말 불편합니다. 아빠들도 우리 자녀들도 하루하루가 즐겁지 않습니다. 이런 경험이 없는 아빠라면 정말 행복한, 모두가 부러워할 아빠입니다.

이제 우리 아빠들은 모두가 부러워하는 행복한 아빠가 되기 위해 하루하루 노력해야 합니다. 정답은 바로 자녀와의 대화입니다. 시작은 힘들지 모르지만 한번 시작하고 나면 자연스럽게 대화를 이어 가실 수 있습니다.

아빠들이 아이들 진로의 나침반과 멘토가 되자

자녀들의 진로와 직업에 대해서도 이야기해 보겠습니다. 우리 아빠들은 자녀들이 어떤 진로를 선택하고 어떤 직업을 갖기를 원하시나요? 아마도 많은 경우, 아빠의 마음속에 원하는 진로와 직업이 있지 않을까 합니다.

어느 날 아들이 군인이 되고 싶다고 합니다. 저는 마음속으로 기뻐했습니다. 제가 한때 희망했지만 이루지 못한 꿈이었기 때문입니다. 군인이 되고 싶다고 하니 사관학교에 입학해 장교가 되면 좋겠다고 생각했습니다. 다행히 아들은 본인의 희망대로 육군사관학교에 입학했습니다. 그러나 1학년 1학기 운동 시간에 발목을 크게 다쳤습니다. 1학기를 마치고 휴학하던 중에 아들이 다시 진로를 바꾸었습니다. 고민하고 고뇌하던 아들에게 제가 해 줄 수 있는 것은 진심 어린 대화와 직업 세계에 대한 정보 제공, 그리고 직업심리검사를 해서 그 결과를 공유해 주는 것이었습니다.

아들이 자기가 원하는 결정을 하기를 바라는 간절한 마음이었습니다. 저도 제가 하고 싶은 일을 할 때 더 적극적이고 즐거운 마음으로 일했기 때문에 아들이 좋아하고 하고 싶은 일을 해야 행복하다고 믿습니다. 아마 모든 부모의 마음이 저와 비슷할 것입니다. 두 아들은 제가 이 세상을 살아가는 이유이기에 아들들이 좋아하는 일을 꼭 찾아 주고 싶습니다.

아빠들의 마음속에 있는 자녀들의 직업에 대한 고민도 이제 자녀들의 시대에 맞게 변화해야 한다고 생각합니다. 우연히 운 좋게 아빠가 좋아하고 희망하는 직업을 원한다면 더없이 좋겠지만, 그렇지 않더라도 누구보다 든든한 나침반이자 후원자, 멘토가 되어 주어야 합니다.

우리 아빠들은 과거의 시각에서 벗어나 더 넓은 세상을 바라보아야 합니다. 2024년, 대한민국의 직업은 우리가 알고 있는 것보다 모르는 직업이 훨씬 많습니다.

직업의 홍수 속에서 우리 자녀들의 진로를 찾기 위해서는 아빠들의 역할이 필요합니다. 대학입시 준비에서는 아빠의 역할이 작고 엄마의 역할이 더 크다고 볼 수 있습니다. 하지만 진로와 직업에 대해서는 분명 우리 아빠들의 역할이 중요하다고 봅니다.

직업 선택에 있어 누구나 원가족의 영향이 클 것입니다. 그중에서도 아빠, 엄마의 역할이 가장 중요합니다. 항상 옆에서 자녀들을 누구보다 가까이 지켜보았기 때문에 성격이 어떤지, 어디에 흥미를 느끼는지, 무엇을 하고 싶어 하는지를 잘 알기 때문입니다.

우리 아빠들이 자녀와의 대화에 좀 더 시간을 투자해야 합니다. 특히 진로와 직업에 대해 이야기한다면 자녀들의 장래에 정말 좋은 영향을 줄 것입니다.

우리 아빠들은 가족과 자녀들의 행복을 위해 오늘도 열심히 일하고 있습니다. 하지만 가족과 자녀들이 진정으로 원하는 무언가가 있다면, 우리 아빠들이 바쁜 와중에도 그것을 찾아 가족과 함께 하시리라 믿습니다.

저는 모든 면에서 평범한 보통 아빠입니다. 그러나 여러 계기를 통해 좋은 아빠가 되도록 노력하는 아빠입니다. 제 경험이 새로운 것은 아닙니다. 누구나 경험하시는 일일 것입니다. 단지 그 경험을 함께 나누면 다른 아빠들에게도 도움을 줄 수 있다는 생각에 이 글을 쓰기 시작합니다.

자녀에 대한 아빠의 관심도 테스트

No	항목	예	아니오
1	나는 자녀의 신발 사이즈를 알고 있다		
2	나는 자녀가 좋아하는 가수 이름을 알고 있다		
3	나는 자녀의 친구 이름을 세 명 이상 알고 있다		
4	나는 자녀가 좋아하는 교과목을 알고 있다		
5	나는 자녀가 미래에 하고 싶은 일을 알고 있다		
6	나는 자녀와 일주일에 30분 이상 대화한다		
7	나는 매번 자녀의 성적표를 본다		
8	나는 자녀의 학교 졸업식에 모두 참석했다		
9	나는 자녀와 단둘이 여행한 적이 있다		
10	나는 자녀와 진로·직업에 대해 이야기한 적이 있다		

"예"에 체크한 개수를 세어 보세요.

* 9개 이상: 최고 아빠
* 7개 이상: 우수 아빠
* 5개 이상: 보통 아빠
* 4개 이하: 노력이 필요한 아빠

Chapter 2

아빠가 원하는 자녀의 직업

아빠들이여 비전 있는 직업을 공부하자

얼마 전 오랜만에 친구를 만났습니다. 두 명의 자녀가 대학입시를 준비하고 있다고 들었지만, 그 이후는 이야기를 듣지 못했습니다. 먼저 이야기해 주지 않으면 친구나 친척의 아이들이 어느 대학을 갔는지, 무슨 과인지 먼저 물어보기 쉽지 않기 때문입니다.

그런데 이번에는 친구가 먼저 이야기를 해 주더군요. 아들 한 명, 딸 한 명인데 모두 간호학과에 다닌다고 말입니다. 저는 요즘처럼 취업이 힘든 상황에서 정말 잘했다고 이야기해 주었습니다. 요즘 남학생들이 여성의 직업이라고 여겨졌던 간호사에 많이 지원하고 있고, 전망도 밝다고 말입니다. 그리고 또 다른 제 친구의 아들 이야기도 해 주었습니다. 오랫동안 준비해서 일본 대학의 간호학과에 입학한 경우였습니다. 앞으로 일본에서 한국으로 오는 의료 관광 수요가 더 늘어나면 일본어가 가능한 간호사 수요가 높아질 것으로 예상하고 일본 대학의 간호학과에 입학했다고 합니다. 결과는 알 수 없지만 이런 정도의 노력과 준비라면 미래의 결과는 좋을 수밖에 없다고 생각합니다.

두 자녀가 모두 간호학과에 진학한 친구는 자녀들과 많이 이야기하고 소통하면서 본인들이 진로를 선택하도록 했다고 합니다. 아빠가 먼저 여러 직업에 대한 정보를 파악하고 자녀들을 관찰하며 자녀들에게 잘 맞을 것 같은 직업을 고민한 후 미래 직업의 비전을 공부했다고 합니다. 자녀가 전문적이면서 수요가 많은 직업을 가졌으면 좋겠다고 생각하고 이에 부합하는 직업으로 간호사를 선택한 것 같습니다. 마침 자녀들도 아빠의 희망에 함께 호응해 줘서 간호학과를 선택해 주었습니다. 바로 이런 모습이 우리 아빠들이 앞으로 자녀와 함께 만들어 나가야 할 모습입니다. 물론 이런 과정이 한 번에 이루어지지는 않았을 것입니다. 아빠가 기울인 많은 노력과 정성의 결과이지 않을까 합니다.

이번에는 반대의 이야기를 해 보겠습니다. 아빠가 대학교 교수인 한 학생을 상담해 준 적이 있습니다. 아빠는 자녀에 대한 기대 수준이 높았습니다. 자녀가 대기업 이상의 직장을 갖기를 원했습니다. 그러나 자녀는 본인을 누구보다 잘 알기에 자신이 좋아하는 일을 할 수 있는 스타트업 회사를 찾아보고 있었습니다. 아빠와 관계가 좋지 않다 보니 대화도 거의 이루어지지 않았습니다. 서울 소재 대학교에 다니고 있었는데 집이 서울임에도 집을 떠나 학교 근처 원룸에서 혼자 생활하고 있었습니다. 이렇게 소통 없이 떨어져 있다고 해결될 일은 아니라고 생각합니다. 이는 해결의 실마리를 찾지 못한 채 악순환에 빠지는 길입니다.

아빠는 자녀를 좀 더 이해해야 합니다. 아빠들이 자녀에게 잘 맞는 직업을 찾아보고 공부한다면 자녀에게 좋은 직업을 찾아 줄 수 있을 것입니다.

모두가 의사, 판사가 될 수는 없다

이 글을 읽고 계신 아빠들은 자녀들이 어떤 진로나 직업을 갖기를 원하시나요? 누구나 선호하는 명문대, 인기 학과만을 고집하시는 분들도 계시고, 대기업 직원, 의사, 판사, 검사가 되기를 희망하시는 분도 계실 것입니다. 궁극적으로는 남들이 부러워하고 많은 돈을 벌 수 있는 직업을 원하실 것입니다.

대한민국의 모든 사람이 대기업 직원, 의사, 판사가 될 수 있다면 문제가 없지만, 현실은 그렇지 않습니다. 이러한 부모의 기대는 자녀와의 관계도 힘들게 합니다. 자녀도 커다란 스트레스를 받을 것입니다. 아빠들의 중고등학교 시절로 돌아가 아버지와 맺은 관계를 한번 생각해 보시면 어느 정도 해답이 나올 것입니다.

이제는 과거의 틀에서 벗어나 전통적인 선호 직업뿐 아니라 아빠들이 자녀들에게 원하는 직업에 대한 방향을 바꾸시는 것이 좋을 것 같습니다. 요즘, 가장 관심이 많은 분야 중 하나는 4차 산업혁명입니다.

한 신문사에서 전문가 76명에게 미래 직업 설문을 하여 결과를 보니 10년 후 유망한 직업은 데이터 분석가, SW 개발자, 헬스 케어 종사자, 로봇 공학자, 예술가, 보안 전문가, 바이오 엔지니어 등입니다. 아빠들이 자녀들에게 희망하는 직업 중 4차 산업혁명과 관련된 직업도 많이 있으리라 생각합니다.

즉 아빠들은 우리 자녀들이 나보다는 나은 환경에서 일하고 살기를, 우리 자녀들이 전통적으로 선호되는 직업이나 앞으로 다가올 세상에서 유망한 직업을 갖기를 희망하실 것입니다.

하지만 여기서 아빠들이 잊은 것이 하나 있습니다. 이 직업들은 아빠들이 선호하는 직업이라는 것입니다. 우리 아빠들의 과거로 돌아가 보겠습니다. '선택하신 전공과 현재 하는 일이 진정 내가 좋아하고 원하던 일인가? 그리고 그 일을 하면서 즐겁고 재미있었던가?'를 말입니다.

물론 자신이 원하고 희망하던 일을 즐겁게 하시는 아빠도 있겠지만, 자신이 좋아하고 원하는 일이 아니더라도 가족을 부양하기 위해 오늘도 하루하루를 힘들게 살아가는 아빠가 많습니다. 그리고 힘들지만 적응하려고 노력하는 아빠도 많이 있습니다.

세상을 살면서 느낀 것 중 하나는 내가 하고 싶은 일만 하고 살

수는 없다는 것입니다. 그래도 내가 좋아하고 재미있어하는 일을 찾는 최대한의 노력을 한다면 조금은 변화가 있을 것 같습니다.

저도 아이들이 좋은 대학, 인기 학과에 입학하여 대기업 직원, 의사, 판사가 되기를 원하는 평범한 보통 아빠입니다. 하지만 최대한 아이들이 희망하는 진로와 직업을 선택하도록 돕고 싶습니다.

아이들이 어렸을 때부터 희망하는 직업에 대하여 이야기를 많이 했습니다. 큰아들은 어느 날 직업군인이 되었으면 하고 희망했으며, 둘째 아들은 화학·생물 등 기초과학을 전공해서 그 분야의 전문가나 변리사가 되기를 희망했습니다. 그 후에도 희망 직업은 계속 변화하고 있으며 앞으로도 어떻게 변화할지는 모르지만, 자신들이 원하는 직업을 가졌으면 합니다.

자녀들과 진로·직업에 대해 이야기할 때 가장 중요한 것은 무엇일까요? 아빠들은 자녀들에게 아빠가 선호하는 전공과 직업을 요구하기보다는 아이들이 관심 있어 하는 직업에 대한 정확한 정보를 줘야 합니다. 그래야 자녀들의 진로와 직업 선택에 도움이 되고 먼 훗날에도 후회하지 않으리라 생각합니다.

그렇다고 자녀들에게 모든 것을 맡기라는 것은 아닙니다. 자녀들이 올바른 선택을 하도록 끊임없는 조언과 정보를 제공하는 것이 아빠들의 역할이라고 생각합니다.

Chapter 3

노력하고 준비하는 아빠들

아빠가 되는 공부를 해야 한다

 대한민국의 아빠들, 아니 이 세상의 거의 모든 아빠는 사랑하는 사람과 결혼하고 아이를 낳으면서 자연스럽게 아빠가 됩니다. 모든 아빠에게 질문드리고 싶습니다. 아빠로서 얼마나 준비가 되어 있나요? 아빠로서 어떤 일을 해야 하는지 알고 아빠가 되었나요? 좋은 아빠는 어떤 모습을 해야 할까요? 저도 나름 자식 바보라고 생각하는 아빠지만 어떻게 해야 정말 좋은 아빠일까에 대해 별도로 배우거나 교육을 받아 본 적은 거의 없습니다. 부모님이나 주변의 선배들로부터 받은 조언이 대부분이었던 것 같습니다. 사랑하는 배우자를 만나 결혼하고 아이를 낳고 보니 아빠가 되어 있었습니다. 아빠가 되면 당연히 아빠 역할을 할 수 있다고 생각했던 것 같습니다. 더 솔직히 말하면 이 부분에 대한 생각이나 고민이 별로 없었습니다.

정말 결혼해서 아이를 낳으면 자연스럽게 아빠 역할을 할 수 있을까요? 아마 이 질문에 대해 자신 있게 "예"라고 답변하실 아빠는 흔하지 않을 것입니다.

저 역시 특별한 고민 없이 '나는 좋은 아빠야'라는 생각으로 살았습니다. 그러던 중 아이의 초등학교에서 진행하는 '아버지의 날'에 참석하여 특강을 들었습니다. 그 강사님은 아빠의 역할에 대해 공부해야 한다고 말씀해 주셨습니다. 순간 무엇으로 머리를 한 대 맞은 느낌이 들었습니다. 아빠 역할 공부가 정말 필요한 교육이라는 생각을 하였습니다. 그리고 강사님이 소개해 주신 두란노아버지학교에서 진행하는 '아버지 학교'에 등록하고 5주간의 교육을 받았습니다. 이 교육은 대부분 교회에서 진행되지만, 교회 밖에서도 진행되고 기독교인이 아니어도 참여할 수 있는 교육입니다.

제가 속한 조의 조장님은 공군 대령이셨습니다. 참석하신 분들의 나이도 20대에서 70대까지 다양했습니다. 그러나 참여 목적은 단 하나, 아빠의 역할에 대한 배움이었습니다. 처음에는 낯설었지만 차츰 알아 가는 시간을 가지다 보니 금세 편안해졌습니다. 조원들의 직업은 다양했으며 참여하게 된 계기도 다양했습니다. 자녀와의 갈등이 있는 경우도 있고, 부부간의 갈등이 있는 경우 또 어떻게 보면 이곳에 올 이유가 하나도 없어 보이는 아빠도 있었습니다. 그러나 중요한 것은 참석하신 분들이 모두 좋은 아빠가 되고자 하는 의지로 참여하셨다는 것입니다.

　교육받을 당시 처음으로 본 동영상에는 아빠의 뒷모습을 바라보는 아이가 나왔습니다. '내가 나의 아버지 모습을 닮아 가고 있다'는 생각을 했습니다. 그것도 제가 싫어하던 아버지의 모습이었습니다. 그래서 그 이후 가능하면 저의 안 좋은 모습을 자녀들에게 보여 주지 않으려고 노력하고 있습니다. 물론 쉽지는 않습니다. 지금도 이 부분은 계속 잘못하고 반성하기를 반복하고 있습니다. 이 교육은 아빠의 역할에 대해 다시 한 번 고민하고 행동하는 계기가 되었습니다. 아직도 미흡하지만, 아빠로서의 제 모습이 크게 변화하기도 했습니다. 지금도 두란노아버지학교는 항상 좋은 아빠가 되겠다고 생각하는 저에게 동기부여가 되고 있습니다.

　아이의 학교에서 진행하는 '아버지의 날'에 처음 참석할 때는 '아빠들이 얼마나 참석하시겠어?'라는 생각이었습니다. 하지만 막상 참석해 보니 너무 많은 아빠가 참석하셔서 놀랐습니다. 5주간의 아버지 학교에도 많은 아빠가 참석하셨습니다. 먼저 이 교육을 받은 분들이 즐겁게 스태프로 일하는 모습을 보며 저 자신에 대해 반성하는 시간을 갖기도 하였습니다.

　저를 포함한 아빠들은 이렇게 이야기합니다. "나 같은 남편이 어디 있어?", "나 같은 아빠가 어디 있어?" 어디서 나오는 자신감인지 모르겠습니다. 이것은 무언가에 대해 정확히 모를 때 할 수 있는 말입니다. 정말 아빠의 역할에 대해 이해한다면 "나 같은 아빠가 어디 있어?"라고 쉽게 말하기 어려울 것입니다.

　주변을 둘러보면 나보다 먼저, 더 좋은 아빠가 되기 위해 여러 방면으로 노력하는 아빠들을 볼 수 있습니다. 이제 좋은 아빠가 되기 위한 노력은 선택이 아닌 필수입니다.

좋은 아빠가 되기 위해 투자하자

우리 아빠들은 좋은 대학에 가기 위해 많은 시간을 공부했습니다. 또 좋은 직장에 들어가기 위해 많은 시간을 공부했습니다. 그리고 직장에 들어가면 동료들과 잘 지내기 위해 퇴근 후의 시간을 투자했고, 업무상 골프가 필요하다는 이유로 레슨을 받았습니다. 자기 개발과 능력 향상을 위해 영어학원을 다녔습니다. 저는 묻고 싶습니다. 좋은 아빠가 되기 위해 학원을 다니거나 시간을 내서 공부하신 분이 계신가요?

한번 비교해 보겠습니다. 아이들과 잘 소통하고 아이들을 건강한 사회인으로 잘 키우는 것과 골프와 영어 회화 중 어떤 것이 더 중요하고 우선순위가 높을까요? 생각의 자유와 선택의 자유가 있기에 정답은 없지만, 첫 번째 것이 더 중요하고 우선순위가 높다고 이야기하실 확률이 높을 것 같습니다.

그러나 현실에서 우리 아빠들은 생각과는 달리 회사 일과 개인의 일상에 더 많은 관심과 시간을 사용하고 있는 것 같습니다. 몇 년 전 SNS 모임에서 아이들 이야기를 하던 중 제 경험을 공유했습니다. 그러자 한 분이 특강을 해 보면 좋겠다고 요청해서 여덟 분을 모시고 오프라인 특강을 한 적이 있습니다. SNS의 특성상 성별을 알 수 없었는데 특강 때 보니 아빠 한 분, 엄마 일곱 분이 오셨습니다. 관심 있는 아빠들도 많이 계셨을 텐데 하는 마음에 아쉬움이 컸습니다.

그 후 아빠들이 참여하는 밴드에 부모특강 공지를 올렸습니다. 아빠들의 반응은 좋았지만, 평일에 힘들게 일했는데 주말에 또 모임에 참여하기는 힘들다는 반응이 많았습니다. 아빠들의 마음이 실제 행동까지 이어지기에는 아직 시간이 필요한 것 같습니다.

2019년, 아이들의 미래와 꿈을 응원하는 '아빠 미소 멘토단'에서 자원봉사를 한 적이 있습니다. 관심이 있어 네이버 밴드로 검색하다가 가입한 모임입니다. 이곳의 아빠들은 조금 다른 모습을 보여 주었습니다. 아이들을 위해 아빠들의 시간을 많이 사용하고, 여행도 자주 갔습니다. 제가 지금까지 보아 왔던 아빠들과는 다른 모습이었습니다.

아이들을 위해 많은 시간을 사용하는 아빠들은 흔치 않다고 생각했습니다. 하지만 제가 보는 것이 전부가 아니라는 것을 알게 되었습니다. 제가 모르는 곳에서 많은 아빠가 더 좋은 아빠로 거듭나기 위해, 아이들을 위해 노력하고 있었습니다.

이제 아빠들도 더 좋은 아빠가 되기 위해 투자를 해야 합니다. 좋은 아빠가 될 수 있는 교육이 있다면 과감히 투자하십시오. 밴드나 카페 등을 찾아보면 우리가 미처 생각하지 못한 좋은 모임이 많습니다. 사실 불특정 다수가 모이는 모임이 어떤 모임인지 잘 몰라 미심쩍을 수 있습니다. 그러나 몇 번 참석해 보면 어느 정도 아실 수 있다고 생각합니다.

원하는 모임이 있다면 한번 참여해 보고 다른 아빠들의 경험과 생각을 공유해 보세요. 이것이 좋은 아빠가 되는 첫걸음이지 않을까 합니다. 이제 적극적으로 자신과 아이들을 위해 투자하십시오. 자녀들을 위한 아빠의 투자가 세상에서 가장 의미 있는 투자라고 생각합니다. 오늘 당장 실천해 보십시오.

Chapter 4

아빠의 첫 번째 직업은 어떻게 선택되었나?

회사만 보고 입사한 첫 직장

　모든 아빠에게 첫 번째 직장이 있을 것입니다. 잘 알고 선택했든 잘 모르고 선택했든, 그 직업이 현재의 직업에 많은 영향을 미쳤을 것입니다.

　저도 1992년, 제가 무슨 일을 하는지도 정확히 모른 채 첫 직장에 입사했습니다. 단지 그 회사가 하는 일에 관심을 가지고 지원하였습니다. 그런데 처음 시작한 인사 업무가 지금까지 영향을 주고 있습니다. 현재, 동일한 업무는 아니지만 상당히 연관성 있는 일을 하고 있습니다. 첫 직업이 중요한 이유입니다.

　이 때문에 첫 직업의 선택에는 많은 고민과 준비가 필요합니다.

이렇게 중요한 아이들의 첫 직업 선택에 아빠들이 중요한 역할을 해 주셔야 합니다.

지금은 다양한 진로 및 직업 찾기 프로그램을 통해서 진로나 직업을 알아볼 수가 있습니다. 하지만 제가 취업 준비를 하던 시절에는 다양한 정보보다는 가족이나 선배에게서 듣는 이야기의 영향이 더 컸던 것 같습니다. 학교에서 해 주는 직업 관련 특강이나 컨설팅은 기억이 나지 않습니다.

아버지는 저에게 '사(師, 士, 事) 자 직업'을 권하시는 한편 7급 공무원 시험을 보라고 말씀하셨고, 누나들은 금융권에 취업하면 좋을 것이라고 이야기해 주셨습니다. 그리고 몇몇 선배님들은 공공기관 등에 관심을 가지라고 조언해 주었습니다. 이 중에서 저는 아버지가 우리 형제들에게 강조하셨던 전문직 자격, 즉 '사' 자에 관심을 가지고 도전해 보기로 하였습니다.

그래서 1986년 대학 입학 후 마음에 맞는 친구 세 명이 모여 자격증 공부를 시작하였습니다. 지금처럼 취업이 어려운 시기는 아니었지만, 아빠가 강조하신 '자격'이란 말씀이 영향을 주었습니다. 두 친구는 회계사 시험을, 저는 세무사 시험을 준비했습니다. 그중 한 명은 재학 중 회계사 시험에 합격하여 현재 금융감독원에서 근무하고 있으며, 다른 한 명은 대학의 교직원으로 입사하여 근무하고 있습니다. 그리고 저는 현재 청년, 청소년, 부모에게 취업과 진로를 교육하는 강사입니다. 끝까지 자격시험에 도전하지 못한 것이 아쉽지만 지금의 제 일 또한 보람 있고 즐겁습니다.

저는 대학교 4학년 1학기까지 약 3년간 공부하고 군대에 갔다가 복학하면서 제가 준비한 자격증이 저와는 잘 맞지 않는다고 생각했습니다. 아니, 합격할 자신이 없어서 포기했다는 것이 더 맞는 표현일 것입니다. 복학하고 기업체 취업을 목표로 공부하던 중 큰 규모의 회사는 아니지만, 평소 관심 있던 분야의 채용 공고를 보고 입사 지원서를 제출했는데 운이 좋게도 한 번에 합격하였습니다. 지금 생각하면 있을 수 없는 일입니다. 자기소개서를 써 본 경험도 없어서 막내 누님이 자기소개서를 써 주셨습니다.

저는 어떤 일을 하는지도 모른 채 단지 회사만 보고 입사했습니다. 입사 후 인사 업무를 하는 부서에 배치받았습니다. 학교에서 배운 경제학과 자격증 시험 내용은 하나도 사용하지 않는 업무여서, 모든 것을 처음부터 배워야 했습니다. 새로운 일을 배우며 힘들기도 했지만, 일한다는 것과 무언가를 배운다는 성취감에 하루하루가 새로운 나날이었습니다. 공무원이셨던 아버지는 제가 인사부서에서 일하는 것을 무척 좋아하셨습니다. 사실 공무원 조직의 인사 업무와 일반 사기업의 인사 업무의 위상은 전혀 다른데 말입니다.

첫 직장에서 근무할 때의 일입니다. 처음에는 아무것도 모르고 입사해서 회사가 시키는 일을 했습니다. 하지만 몇 년을 같은 부서에서 근무하다 보니, 언젠가부터 다른 영역에서 일하고 싶어졌습니다. 그래서 계속 타 부서 전보를 희망했지만, 뜻대로 되지 않아 젊은 혈기에 사표를 제출했는데 몇 주 후 IMF가 터졌습니다. 채용이 거의 없어진 상황이라 후회했지만 어쩔 수 없는 상황이었습니다. 운이 좋게도 중견 엔지니어링 업체에 취업하게 되어 하루도 쉬는 날 없이 다시 출근하였습니다.

어떤 일을 하는지도 모르고 들어간 회사에서 아무 생각 없이 직장 생활을 하다가 회사의 업무가 파악되자 어느 일이 나와 잘 맞을까 고민했습니다. 그러다 제가 하고 싶은 일이 생겼고, 그 일을 하지 못하게 되자 이직했던 것입니다.

약 30년이 지났지만, 이 부분은 여전히 개선되지 않은 느낌입니다. 요즘은 무조건 대기업, 금융권, 공기업, 공무원을 선호하는 분위기입니다. 물론 안정적이고 보수가 높은 직장을 선호하는 것은 당연할 수 있으나 30년 이상을 일해야 하는 직업을 선택하는 것이기에 본인에게 좀 더 잘 맞는, 그리고 즐겁게 일할 수 있는 일을 선택하면 좋겠습니다.

최근의 자료를 보면 대졸 신입 사원의 1년 내 퇴사율은 27.7%, 대기업 신입 사원의 1년 내 퇴사율은 10%가 넘는다고 합니다. 정말 어렵게 공부하고 노력해서 들어간 기업을 1년도 안 되어 퇴사하는 이유는 무엇일까요? 여러 이유가 있겠지만, 업무에 대한 이해가 부족한 상태에서 취업하여 생각했던 일과 실제 업무 사이에 많은 차이가 나는 것이 큰 부분을 차지할 것입니다.

자녀의 직업 선택, 학교가 아닌 아빠가

취업 교육 현장에서는 직무분석을 통해 취업해야 한다고 설명하지만, 아직도 본인이 지원한 업무를 정확히 모르는 구직자가 종종 있습니다. 물론 저도 첫 입사 시 인사 업무를 정확히 몰랐습니다. 하지만 저와 어느 정도 맞았기 때문에 잘 이해하고 적응하여 바로 퇴사하지 않고 직장 생활을 할 수 있었던 것을 다행이라고 생각합니다.

대학에서 직무 이해에 관한 많은 프로그램을 운영하고는 있지만, 한계가 있습니다. 학생이 관심 있는 부분에 100% 맞춤식이 아닌 일반론으로 운영될 수밖에 없습니다. 만약 이 부분을 아빠와 어려서부터 함께 고민하고 알아본다면 얼마나 좋을까요? 요즘 많은 부모님이 자녀와의 대화가 단절되었다고 힘들어하시는데, 자녀의 미래를 생각하며 진로와 직업에 관하여 대화한다면 일석이조가 아닐까 합니다.

학교가 진로와 직업에 대해 알려 주는 데는 한계가 있습니다. 제 자녀들도 중고등학교 때 진로 체험도 가고 학교에서 선배님 특강도 받았습니다. 하지만 과연 몇 개의 직업을 소개받을 수 있었을까요? 우리 자녀가 관심 있는 직업에 대해 한 번이라도 설명 들을 기회가 있었을까요? 쉽지 않은 일입니다. 우리 아빠들은 누구를 위해 일하고 계신가요? 당연히 자녀와 가족입니다. 조금만 시간을 할애하여 오늘부터 자녀의 미래와 진로를 함께 이야기하십시오. 그러면 자녀들이 원하는 직업에 좀 더 가까이 갈 수 있습니다.

Chapter 5

자녀의 직업을 어떻게 찾아야 할까?

아이와의 관계가 먼저다

자녀의 직업을 같이 찾는다고 하면 가장 먼저 떠오르는 것이 무엇인가요? 우리 아이가 어떤 성격인지 생각해 보시는 분도 계시고, 어떤 교과목을 잘하는지 알아보시는 분도 계실 것입니다. 그리고 또 평소 관심이 있는 직업이 무엇인지를 생각해 보시는 분도 계실 것입니다. 그리고 이러한 객관적 사실을 토대로 자녀와 함께 이야기하면서 자녀에게 잘 맞는 직업을 찾아 가면 되지 않을까 생각하실 것입니다. 다 맞는 이야기입니다. 그러나 더 중요한 것이 하나 있습니다. 자녀와의 관계입니다. 아무리 좋은 이야기라도, 정말 필요한 이야기라 하더라도 관계가 좋지 않으면 이런 이야기들이 자녀에게 제대로 전달되지 않습니다.

　아빠들의 이야기를 잠깐 해 보겠습니다. 평소에 관계가 좋지 않은 상사나 동료가 니에게 필요하고 유익한 이야기를 해 준다고 가정해 보겠습니다. 아마도 이 이야기는 아빠들에게 제대로 전달되지 않을 것입니다. 좋은 이야기 같지만 내가 싫어하는 사람이기에 그 사람의 이야기가 그 자체로 싫은 것입니다. 똑같은 이치입니다. 자녀의 진로나 직업을 찾는 과정에서도 내용보다 관계가 우선입니다. 자녀와의 좋은 신뢰 관계가 형성됐다면 자녀의 직업 찾기는 50% 이상 성공한 것이나 다름없습니다.

관계(또래) 집단에서 배우도록 하자

　아이들이 초등학교 고학년이 되면서부터, 산타클로스 할아버지가 없다는 것을 알면서부터 부모에 대한 불신이 생기는 것 같습니다. 아무리 좋은 이야기도 부모가 이야기하면 잘 듣지 않고, 더 나아가서는 불신하여 아예 들으려고도 하지 않습니다.

　큰아들에게 서운함을 느낀 동시에 아이들에 대한 인식을 다시 한 계기가 있습니다. 큰아들에게 어떤 공부법 이야기를 해 주었는데 듣는 둥 마는 둥 했습니다. 그러더니 한 6개월쯤 후에 학원에서 돌아온 아들이 "아빠, 아빠! 학원 선생님이 이런 이야기를 해 주셨는데 정말 괜찮은 것 같아요. 한번 실천해 봐야겠어요." 하는 것이었습니다. 분명 제가 6개월 전에 한 이야기인데 말입니다. 서운했지만 "그 방법 좋은 것 같다, 한번 해 보면 좋을 것 같아."라고 맞장구를 쳐 주었더니 열심히 했던 기억이 있습니다. 시간이 오래돼서 그런지 구체적인 내용은 생각나지 않고 서운했던 마음과 열심히 공부하던 아들의 모습만 기억에 남아 있습니다.

아이들은 친구들과 또래 집단에서 자신의 길을 찾기도 합니다. 둘째 아들이 초등학교 고학년 때의 일입니다. 어느 날 학교에서 오더니 "아빠, 저는 과학자가 되기 위해 영재고에 가고 싶어요."라고 합니다. 그 당시 둘째는 농구 동아리 활동을 했는데 그 동아리의 누군가가 영재고를 목표로 정하고 제 아들에게 자신의 이야기를 해 준 것 같습니다. 그 이후 둘째가 약 4년 동안, 어린 나이에 안타까울 정도로 열심히 영재고를 준비하는 모습을 보았습니다. 힘들고 놀고 싶어도 최대한 자제하면서 무언가를 준비하는 아들의 모습이 자랑스러웠습니다.

가족 중에 둘째에게 영재고에 대해 이야기한 사람은 아무도 없었습니다. 아마도 제가 "아들아. 너는 영재고에 입학해서 과학자가 되었으면 한다."라고 했다면 그렇게 열심히 하지는 않았을 것입니다. 부모의 품 안에서 학원 뺑뺑이만 하는 것은 바람직하지 않지만, 어쩔 수 없다면 학원에서 다양한 교우 관계 및 활동을 권장하는 것이 필요합니다. 친구나 주변으로부터 자연스럽게 자신의 미래를 찾아 가는 데 도움을 받을 수 있기 때문입니다.

이제 남은 것은 아빠의 몫

아이들과의 관계도 좋아지고, 아이들이 또래들과의 다양한 활동과 관계를 경험하면 자신이 관심 있는 직업이나 진로를 아빠들에게 이야기하기 시작할 것입니다. 그러면 아빠들은 아이들이 궁금해하는 부분에 대한 정보 제공과 더불어 아빠 나름의 역할을 하셔야 합니다. 옛날 아빠처럼 일방적으로 전달하지 말고 아이가 스스로 찾아 가는 과정을 함께해 주셔야 합니다.

어렵지 않습니다. 아빠들이 직장에서 일을 진행하는 절차와 크게 다르지 않습니다. 가장 기본은 정확한 정보를 전달해 주는 것이고 그다음은 스스로 찾아보도록 격려하는 것입니다.

많은 청소년이 게임만 열심히 하다 보면 게임 개발 기획자가 될 수 있다고 생각합니다. 일부는 그렇게 될 수도 있겠지만, 대부분은 관련 공부도 해야 하고 전문학원도 다녀야 합니다. 이러한 정확한 정보를 자녀에게 전달해 주면 자녀에게 동기부여가 되어 본인의 진로나 직업을 더 열심히 준비할 것입니다. 실제 게임 개발자의 인터뷰 기사 등을 찾아보게 해서 스스로 게임 개발 기획자에 대한 정보를 얻도록 해 줄 수도 있습니다. 그러면 본인이 판단해서 포기할 수도 있고, 반대로 전력을 다해 자신의 목표를 이루려 노력할 수도 있습니다.

아빠들의 과거를 한번 돌이켜 생각해 보겠습니다. 이 글을 읽는 아빠들은 아버지가 억지로 시켜서 한 일과 아빠들이 스스로 관심이 생겨서 했던 일 중에 어떤 것에 더 집중하여 열심히 했던가요? 당연히 아빠들이 관심을 가지고 준비한 일을 더 열심히 했을 것입니다.

이 책을 준비하며 가장 크게 느낀 것은 아빠들의 과거 모습에서 아이들과의 관계나 행동의 정답을 찾을 수 있다는 것입니다. 아빠들은 그렇게 못 했으면서, 안 했으면서 아이들에게 강요하지는 않는지 돌아보십시오.

통계를 보면 진로와 관련하여 가장 큰 영향을 주는 사람은 부모님(약 40%)입니다. 그다음으로 영향을 주는 사람은 친구, 학교 선생님, 역사적으로 훌륭한 인물, 학원 선생님 순입니다. 그런데 놀랍게도 진로와 관련하여 가장 큰 영향을 주는 사람 2위에 '없음(약 25%)'이 꼽혔습니다. 이는 아빠 엄마들이 제대로 역할을 하지 못해서라고 생각합니다.

이제 아빠들은 자녀들의 진로나 직업에 많은 시간을 할애해야 합니다. 그리고 아이들이 궁금해하는 부분과 잘못 알고 있는 부분에 대해 정확한 정보를 주십시오. 마지막으로 본인 스스로 찾아보는 시간을 가질 수 있는 환경을 만들어 스스로 결정하고 그 결정에 매진할 수 있도록 도와주십시오. 이는 자녀의 진로와 직업을 찾는 아주 평범하면서도 가장 기본적인 방법입니다.

진로와 관련하여 가장 큰 영향을 주는 사람(단위: %)

순위	초등학생 진로 관련 가장 큰 영향을 주는 사람	비율	중학생 진로 관련 가장 큰 영향을 주는 사람	비율	고등학생 진로 관련 가장 큰 영향을 주는 사람	비율
1	부모님	46.3	부모님	38.2	부모님	31.8
2	없음	22.3	없음	25.2	없음	29.1
3	친구	9.9	학교 선생님	13.5	학교 선생님	14.4
4	학교 선생님	9.3	친구	8.6	친구	8.0
5	역사적 또는 현존하는 훌륭한 인물	4.7	역사적 또는 현존하는 훌륭한 인물	3.8	역사적 또는 현존하는 훌륭한 인물	4.2
6	형제 (형/오빠, 누나/언니)	2.9	학원 선생님	3.6	학원 선생님	4.0
7	학원 선생님	2.0	형제 (형/오빠, 누나/언니)	3.0	형제 (형/오빠, 누나/언니)	3.3
8	친척	1.3	친척	2.3	친척	2.6
9	선배	0.5	선배	1.1	선배	2.1
10	종교인 (목사님, 신부님, 스님 등)	0.4	종교인 (목사님, 신부님, 스님 등)	0.4	종교인 (목사님, 신부님, 스님 등)	0.4
11	무응답	0.3	무응답	0.2	무응답	0.2

*출처: 2014년 한국직업능력개발원 학교진로교육 실태조사

PART 2

오늘 유망한 직업이 내일을 보장하지 않는다

아버지가 좋아했던 30년 전 유망 직업

전문직을 권유하신 아버지, 감사합니다

4차 산업혁명과 미래 직업

좋은 대학이 미래 직업을 보장하지 않는다

아빠도 입시 전문가

성공한 사람들의 직업

Chapter 1

아버지가 좋아했던 30년 전 유망 직업

돈 많이 버는 직업과 아빠가 직접 해 본 직업

우리는 여러 가지를 고려하여 직업을 선택합니다. 내가 좋아하고 나에게 잘 맞는 직업인가가 첫 번째입니다. 그다음에는 얼마나 급여를 많이 받는지의 보상적인 측면, 얼마나 오래 일할 수 있는지의 안정적인 측면, 경력을 잘 쌓을 수 있는지의 미래·발전적인 측면을 고려해야 합니다. 직업 선택은 시대에 따라 개인에 따라 달라질 수 있습니다. 그러나 정년이 보장되지 않는 사회로 변화하면서 이 중에서도 얼마의 급여를 받는지, 즉 보상이 가장 중요해지지 않았나 합니다.

30년 전 대한민국의 국민소득은 약 1만 달러도 되지 않았습니다. 지금 젊은 청소년들이 상상하는 것 이상으로 훨씬 어렵게 살았던 시기입니다. 초중고등학교 졸업식 날에 먹는 음식은 짜장면이 최고인 줄 알았습니다. 아주 특별한 경우에만 돈가스나 햄버그스테이크를 먹었던 것 같습니다. 1981년 대학을 졸업하고 취업한 큰누님이 경양식집에서 사 준 햄버그스테이크가 (심지어 경양식집의 위치와 모습까지) 지금도 생생히 기억납니다. 햄버그스테이크는 당시 중학생이었던 제가 쉽게 먹을 수 없는 음식이었습니다. 그만큼 특별한 날이었습니다. 지금은 흔한 샤프도 부잣집 아이들이나 쓰는 것이었고요.

  이렇듯 30년 전에는 잘 먹고 잘 사는 것이 가장 중요한 일이었습니다. 따라서 잘 먹고 잘 사는 것이 직업을 선택하는 중요한 기준이었습니다. 우리 아버지들이 좋아하시는 직업도 돈을 잘 버는 직업이었습니다. 아버지가 하는 일을 자녀들이 이어서 하기를 원하는 모습도 많이 볼 수 있었습니다. 아마도 아버지가 실제 해 보고 확인한 직업이었기 때문일 것입니다.

  지금도 크게 차이가 나지는 않지만, 돈을 많이 벌고 '신분 상승'의 기회도 가질 수 있는 판사, 변호사, 의사, 약사, 회계사, 은행원, 대기업 직원 등이 우리 아버지들이 선호하는 대표적인 직업이었습니다. 공부만 열심히 하면 좋은 대학의 인기 전공에 진학할 수 있었고, 또 열심히 공부해서 국가고시에 합격하거나 자격을 취득하면 기본적으로 먹고사는 문제는 해결된다고 생각하던 시기였습니다. 그래서 많은 인재가 법대로 진학했고 전공이 법학이 아닌 학생들도 사법고시에 매달렸습니다. 사법고시에 합격하면 사회적 지위와 더불어 변호사의 높은 연봉이 보장되기 때문이었을 것입니다. 의사 또한 자격만 취득하면 사회적 인정과 많은 보상을 받을 수 있었습니다. 은행원과 대기업 직원 또한 안정적으로 높은 보상을 받는 직업이었습니다.

아버지는 본인이 실제로 하고 계신 확인된 직업도 좋아했습니다. 직접 해 보니 안정적이고 보상도 좋은 일들 말입니다. 무역하시던 친구의 아버지는 아들이 영문학과 전공을 선택해서 무역업을 하기를 원하셨고, 가락동 청과물 도매시장에서 사업을 하시던 친척분은 아들이 가업을 잇기를 원하셨습니다. 그리고 운수업을 하시던 친구 아버지는 친구에게 덤프트럭 기사를 추천해 주셨습니다.

이렇듯 아버지가 좋아하셨던 직업은 돈을 많이 벌고 사회적으로도 인정받는 직업 그리고 본인이 직접 확인한 직업이었던 것 같습니다. 30년 전에는 직업이 다양하지 않아 돈을 많이 벌고 성공한 직업인이 되기 위한 선택이 매우 한정적이었기 때문일 것입니다.

미래의 직업은 사회 트렌드에서 읽어야 한다

그러나 2024년 오늘, 사회 전반적으로 직업의 다양성이 커지고 있습니다. 과거에는 현재처럼 다양한 직업이 없던 시기였기 때문에 아빠들이 원하는 직업도 다양하지 않았습니다. 그러나 현재는 어떤가요? 많이 변했습니다. 물론 30년 전에 아빠들이 좋아했던 직업 중 지금도 인기 있는 직업이 있지만, 현재는 예전보다 더 다양한 직업이 생겨나 선택의 폭이 넓어졌습니다. 의사나 변호사보다 돈을 더 많이 벌 수 있는 직업이 너무 많아졌습니다. 2000년대 제가 근무했던 게임 업계에서는 30대에도 억대 연봉을 받는 핵심 인재들을 쉽게 볼 수 있었습니다.

아빠들도 직업의 종류가 예전보다 다양해졌다는 사실을 아실 것입니다. 그러나 실제로 찾아보지 않으면 알 수가 없습니다. 나의 자녀에게 적합한 직업이 어떤 것인지도 마찬가지입니다.

'유튜버'라는 직업을 언제부터 들어 보셨나요? 얼마 되지 않았을 것입니다. 자기가 좋아하는 놀이를 하는 어린아이가 매월 5억을 번다고 들었습니다. 이제 예전에 아빠들이 좋아하던 직업을 넘어 새로운 직업의 트렌드를 이해하는 아빠가 되어야 합니다.

"예전에는 이런 직업이 좋은 직업이었어."라고 이야기하는 것은 아이들과 대화를 중단하는 지름길이지 않을까 합니다. 직업의 홍수 속에서 나의 자녀가 30년 후에도 즐겁게 일하고 좋은 보상을 받는 직업을 찾을 수 있도록 아빠들이 노력하셔야 합니다.

이 글을 쓰는 저도 '30년 후 어떤 직업이 유망할까'라는 질문에 정확히 답할 수는 없습니다. 그러나 사회 트렌드를 읽으면 답이 있다고 봅니다. 노령사회로의 진입기에는 의료 분야 인력이 더 필요해집니다. 고객의 성향을 파악해 정보를 제공하는 것이 마케팅에 효과적이기 때문에 빅데이터와 관련된 인력이 더 필요해집니다. 아직도 많은 이들이 선망하는 금융권은 어떨까요? 온라인 뱅킹 등 금융업무의 상당 부분이 비대면으로 바뀌고 있기 때문에 금융권의 인력 수요는 점점 줄어들 것으로 보입니다. 물론 연봉이 낮아진다는 것은 아닙니다. 하지만 수요가 점점 줄어들다 보면 취업도 힘들어지고, 연봉도 현재가치와 비교했을 때 꼭 좋다고는 말할 수 없는 시기가 오리라 예상합니다.

사회적 트렌드에서 점점 필요성이 낮아지는, 수요가 적어지는 직업은 장기적으로 유망하지 않은 직업이 될 것입니다. 사실 이런 부분은 자녀의 진로와 직업을 찾는 데도 필요하지만, 아빠들의 미래와 경력개발에도 필요합니다. 우리 아빠들은 많은 학습과 고민을 통해 자녀와 아빠의 미래 직업을 준비하는 시간을 가져야 합니다. 준비하는 자에게 기회가 온다는 옛말을 꼭 기억하시기 바랍니다.

Chapter 2

전문직을 권유하신 아버지, 감사합니다

**아버지는 말씀하셨지, '사' 자 들어가는
안정적인 직업을 선택하라고**

저의 아버지는 30년 넘게 공직에서 근무하신 공무원이셨습니다. 대한민국의 모든 아버지처럼 저의 아버지도 둘째가라면 서러워하실 정도로 자녀의 진로와 직업에 관심이 많으셨던 분입니다. 사실 제가 학교를 다니던 시절에는 잘 몰랐는데 결혼해서 자녀를 키우며 진로와 직업에 관심을 가지다 보니 더더욱 아버지에게 고마움을 느낍니다. 아버지가 제 형제들을 학교에 보내실 때는 지금보다 공무원 급여 수준이 훨씬 낮아 힘든 상황이었습니다. 그러나 우리 4형제가 자랑스러운 사회인으로 성장하도록 아낌없는 지원을 해 주셨습니다. 그 당시에도 아버지가 경제적 어려움을 겪는 것을 알 았지만 제가 아이들을 키워 보니 더 절실히 그 어려움을 느낄 수 있 었습니다. 지금은 하늘에 계시지만 항상 감사하는 마음을 가지고 있습니다. 아버지, 어머니 감사하고 사랑합니다.

어려서부터 아버지로부터 "안정적인 공무원이나 '사' 자 들어가 는 전문직을 미래 직업으로 가져야 한다."라는 말을 수도 없이 들 었습니다. 아버지는 진로나 직업에 대한 전문적인 지식을 가지고 계신 분은 아니었습니다. 그냥 평범한 아버지셨습니다. 왜 이런 말 씀을 하셨는지 지금도 알 수 없지만, 지금 와서 보면 아버지의 말씀 은 우리 형제들에게 너무나도 도움이 되는 감사한 것이었습니다.

누군가 계속 어떤 이야기를 하면 처음에는 관심이 없다가도 점 차 관심을 가지게 됩니다. 결국 아버지의 노력은 결실을 이루었습 니다. 첫째 누나는 약사가 되었고, 둘째 누나는 의사가 되었습니 다. 모두 대학에서 해당 전공에 입학하고 자격증을 취득하는 데는 어려움을 겪었지만, 전문직이 된 지금은 누구보다도 안정적인 삶 을 살고 있습니다.

높은 학력고사 점수를 받은 셋째 누나는 한의대에 지원해 보라 는 아빠의 권유가 있었지만, 자신이 관심 있는 사학을 전공하였습 니다. 저는 공무원 시험을 보라는 아버지의 권유에도, 공무원으로 일하시는 아버지보다는 좀 더 보상을 많이 받는 삶을 살고 싶다는 생각에 경제학을 전공하고 일반 기업에 취업했습니다. 아버지의 말씀을 따랐다면 셋째 누나와 저는 지금과 다른 삶을 살고 있을지도 모릅니다.

제가 처음 직장 생활을 할 때인 1992년에는 지금처럼 취업이 어렵지 않았고 한 번 입사하면 평생직장이라고 생각했습니다. 그러나 IMF 등을 거치면서 상황이 많이 달라졌습니다.

많은 기업이 생존을 위해 구조조정을 했습니다. 주변에는 직장을 잃고 잠시나마 방황하는 친구도 있었고, 대출이 많아 절대로 명예퇴직은 하지 않겠다는 은행원 친구도 있었습니다.

저도 이때 첫 회사를 나와 다른 기업에 취업하였습니다. 이때 저는 아버지가 어렸을 때 수도 없이 하셨던 말씀이 생각났습니다. "미래의 안정적인 직업은 공무원이나 '사' 자 들어가는 직업이다." 불현듯 아버지 말씀을 들을걸 하는 약간의 후회가 들었지만, 지금은 제가 선택한 일에 항상 최선을 다하고 있습니다.

변화하는 아들의 꿈과 아빠의 맞춤형 멘토링

30~40여 년이 지난 지금 돌이켜 보면 아버지가 직업에 대한 통찰력이 있으시지 않았나 하는 생각이 듭니다. 지난 30~40년 동안 의사, 약사는 안정적이고 돈을 많이 버는 직업이었습니다. 그리고 공무원은 현재 대기업 수준은 아니지만, 중견기업 이상의 급여와 안정성을 보장하는 직업으로 많은 젊은이가 공무원 시험에 매달리고 있습니다.

아버지로부터 진로와 직업에 대해 말씀을 듣던 제가 이제는 두 아들의 아빠로서 아들들의 미래를 고민하며 많은 대화를 하고 있습니다. 물론 세월이 지나 주변 여건이 달라졌기에 아버지가 제게 하셨던 것과는 다른 방법으로 아들들과 소통하고 있습니다.

저는 제 아버지와는 달리 어떤 직업을 소개하기보다는 어떤 분야이건 그 분야에서 최고가 된다면 즐겁게 일하며 충분한 보상을 받을 수 있다고 이야기해 줍니다. 그리고 아이들이 관심 있는 직업에 대한 정보 제공자의 역할을 하고 있습니다.

군인이 되고 싶어요, 국어 선생님이 되고 싶어요, 스포츠기자가 되고 싶어요, 변리사가 되고 싶어요, 의사가 되고 싶어요, 수의사가 되고 싶어요…. 제 아들들이 희망하는 직업들입니다.

아들들이 희망하는 직업과 목표가 무엇인지를 스스로 생각하게 하고, 제가 아는 한도에서 직업 이야기를 들려주고 있습니다. 만약에 제가 모르는 분야이면 관련 분야에서 일하는 분에게서 정보를 얻거나 아니면 직접 만날 수 있도록 해 주기도 하였습니다. 아들들이 자신들에게 잘 맞는 직업을 선택할 수 있도록 말입니다.

군인이 되고 싶다던 큰아들은 사관학교를 자퇴하고 융합인문사회계열을 전공하다가 최근에 행정학과로 학과를 변경하였습니다. 직업에 대한 고민은 아직도 진행 중입니다.

둘째 아들도 학교에서 하는 진로교육에서 변리사를 알게 된 후, 이를 본인의 꿈으로 정하고 어떤 분야를 할 것인지 고민했던 적이 있습니다. 저는 변리사라는 직업에 대해 제가 아는 것과 변리사 시험이 쉽지 않다는 것을 이야기해 주었습니다. 과거 제가 다녔던 W 회사에서 중국과의 상표권 분쟁으로 중국에 여러 번 출장을 갔던 적이 있습니다. 그때를 기억했는지 중국어를 공부해 앞으로 중국과의 지적재산권 관련 문제의 전문가가 되겠다고 합니다. 너무나 대견스러웠습니다. 이 글을 쓰는 지금은 아들의 꿈이 또 변했습니다. 앞으로도 아들의 꿈과 진로가 어떻게 변할지 아무도 모릅니다. 중요한 것은 자신들이 좋아하고 즐겁게 일할 수 있는 직업을 찾는 것입니다. 그렇게 되기를 희망합니다.

우리들의 아버지가 아버지의 시대에 맞게 진로와 직업에 대한 조언을 건네주셨듯이, 지금의 아빠들도 현재 시대에 맞게 자녀들의 진로와 직업을 고민해야 합니다. 세상과 마찬가지로, 직업도 빠르게 변하고 있습니다.

이런 상황에서 이 시대의 아빠들은 우리 자녀들이 원하는 안정적인 직업을 찾아 주기 위해 무엇을 해야 할까요? 소통을 통해 자녀들이 원하는 직업을 이해하고 정확한 정보를 전달해야 합니다. 이를 위해서는 아빠들의 많은 노력이 필요할 것입니다.

첫째, 자녀와의 대화를 자주 하는 것. 둘째, 직업에 대해서는 아빠가 선배로서 많이 알고 있다는 것을 인식시켜 주는 것. 셋째, 직업의 세계가 우리 자녀들이 알고 있는 것보다 훨씬 다양하다는 것을 알려 주는 것이 필요합니다.

대학만 졸업하면 취업이 되던 시절은 지난 지 오래입니다. 아빠들은 이제 대학이 아닌 직업이 최종 목표임을 명확히 인식하고, 자녀의 진로와 직업을 진지하게 고민해야 합니다.

Chapter 3

4차 산업혁명과 미래 직업

미래 유망 직업

  최근 코로나19나 러시아와 우크라이나의 전쟁 등으로 미래가 불투명해짐에 따라 IMF 외환 위기와 리먼 브라더스 사태 때보다 더 심각한 경기 침체와 실업이 예고되고 있습니다. 신문 기사에서 중국 5,400만 명, 미국 630만 명 등 전 세계에 2억 800만 명의 실업자가 있다는 기사를 봤습니다. 기업의 대량 해고로 갑작스레 실업자가 되면 그 상실감과 어려움은 이루 말할 수 없을 것입니다. 직업과 관계없이 산업 자체의 위기일 수도 있고 국가적 위기일 수도 있어 어쩔 수 없는 경우도 있습니다. 하지만 이 상황에서도 내가 어떤 직업을 가지고 있느냐에 따라 상황은 달라질 수 있다고 생각합니다.

미래에는 지금과 같은 상황이 벌어지지 말아야 하겠지만, 1997년 IMF 경제 위기, 2008년 리먼 브라더스 경제 위기, 2020년 코로나19 경제 위기 등이 주기적으로 반복되고 있습니다. 분명히 미래에도 이런 상황이 다시 발생하리라고 판단됩니다. 때문에 '생존을 위해 어떤 직업을 가질 것인가?'가 중요합니다.

지금까지의 경험으로 생각해 볼 때 전문직, 다른 사람이 대체할 수 없는 직업, 기계나 로봇이 대신할 수 없는 직업, 시대의 트렌드를 따라가는 직업이 유망 직업이라고 생각합니다. 직업을 처음 가진 후 안주하지 않고 계속해서 자신을 발전시키는 것 역시 중요합니다. 여러 가지 변수가 있어서 명확히 이야기하기는 어렵지만 4차 산업혁명과 미래 유망 직업에 대해 알아보겠습니다.

4차 산업혁명 하면 바로 떠오르는 단어들은 신문 기사나 인터넷 등에서 많이 볼 수 있는 인공지능, 빅데이터, 블록체인, 클라우드, 사물인터넷, 가상현실, 드론 등입니다. 또 한편에서는 유망 직업으로 빈집 코디네이터, 디지털 장의사, 귀농·귀촌 플래너, 평판 관리 전문가 등이 언급되기도 합니다. 세계 최대 규모의 직장 평가 사이트인 미국의 글래스도어(Glassdoor)에서 '2022년 유망 직업 10선'으로 발표한 직업과 중간 연봉 수준을 보면 다음과 같습니다.

① 엔터프라이즈 아키텍트(Enterprise Architect, $144,997)
② 풀 스택 엔지니어(Full Stack Engineer, $101,794)
③ 데이터 과학자(Data Scientist, $120,000)

④ 데브옵스 엔지니어(DevOps Engineer, $120,095)
⑤ 전략 매니저(Strategy Manager, $140,000)
⑥ 머신러닝 엔지니어(Machine Learning Engineer, $130,489)
⑦ 데이터 엔지니어(Data Engineer, $113,960)
⑧ 소프트웨어 엔지니어(Software Engineer, $116,638)
⑨ 자바 개발자(Java Developer, $107,099)
⑩ 제품 매니저(Product Manager, $125,317)

주로 IT 개발자가 많은 부분을 차지하고 있습니다. 그 외 유망 직업으로는 의사, HR 매니저, 기업 채용 담당자, 세일즈 포스 개발자, 마케팅 매니저, 백엔드 엔지니어, 클라우드 엔지니어, 정보보안 엔지니어, 정신과 의사 등이 있습니다.

4차 산업혁명으로 인해 미래 직업에 새로운 수요가 생겨나고 있습니다. 물론 이들이 새롭고 수요가 많은 분야임은 틀림없습니다. 하지만 더 중요하게 생각해 볼 부분이 있습니다. 그냥 미래에 유망하다고 해서 관심을 갖는 것은 곤란합니다. 이 중에서 내가 좋아하는 직업과 나에게 잘 맞을 것 같은 직업을 선택해야 합니다.

세상의 이치로 본 유망 직업

세상의 이치로 돌아가 보면, 쉬운 것은 쉬운 대로 이유가 있고 어려운 것은 어려운 대로 이유가 있습니다. 한때 드론 조종이 유망한 직업이라 하여 학원도 많이 생기고, 전문가는 한 달에 400~500만 원 정도의 수입을 얻을 수 있다는 기사를 본 적이 있습니다. 그러나 지금은 수만 명이 자격을 취득하였고, 취업하기도 어려워시고 수입이 훨씬 적어진 것으로 알고 있습니다.

똑같이 드론에 관심이 있다고 해도 드론 조종이 아닌 드론 개발자나 프로그램에 관심을 가졌다면 현재의 모습이 달랐을 것이라고 생각합니다.

우리는 기사나 정보로 유망 직업에 대한 이야기를 많이 듣습니다. 그것이 실제로 유망 직업으로 자리 잡기도 하지만 그렇지 않은 경우도 많이 있습니다. 환경이 급격히 변화하는 것이 이유일 수도 있습니다. 하지만 근본 기술과 관련한 직업을 가지고 있다면 또 다른 결과가 생길 수 있다고 생각됩니다.

의사, 변호사, 회계사 등은 4차 산업혁명기인 지금뿐만 아니라 미래에도 유망한 직업이라고 봅니다. 특히 기존의 직업에 4차 산업혁명의 특징을 추가하면 정말 유망한 직업이 될 것입니다. 제가 기사로 본 내용에는 빅데이터를 이용한 판례 정보 제공, 의학 지식 유튜버 등이 있었습니다. 4차 산업과 수요가 증가하는 산업에서 그 근간이 되는 기초 학문이나 개발과 관련된 직업도 유망할 것입니다.

저는 취업·진로교육과 상담, 진로 캠프, 부모와 자녀 대상 캠프, 컨설팅 그리고 몇몇 강의를 합니다. 많은 분이 직업상담사 자격을 취득하고 이 분야의 직업을 가지려고 하고 있습니다. 그러나 요즘은 직업상담사로 취업도 어렵고, 취업 후에도 낮은 수준의 임금을 받는 것이 일반적이라고 말씀들 하십니다. 하지만 저는 비교적 많은 수입을 얻고 있습니다. 대학원에 가서 상담도 열심히 공부하고, 다양한 취업과 진로 세미나도 참석하고, 마케팅 영업도 한 결과입니다. 그리고 현재는 진로 정보 제공 플랫폼 개발도 고민 중입니다. 그리고 장기적으로는 두 아들과 진로와 진학, 직업을 다루는 유튜브 방송도 한번 추진해 보려고 합니다.

이제 아빠들은 4차 산업혁명 관련 직업과 미래 유망 직업을 생각하고, 앞으로 우리의 직업이 어떻게 변화할 것인지를 자녀들과 이야기해야 할 것 같습니다.

첫째, 보이는 것이 다는 아닙니다. 즉 무엇이 유망하다고 하면 막연히 따라가는 경향이 있는데 그 분야의 전문성을 보고 접근해야만 유망 직업을 가질 수 있습니다.

둘째, 관심 있는 분야에만 머물지 말고 다른 분야와 융합할 수 있는 자기 개발을 한다면 미래 유망 직업에 가까워질 것입니다.

셋째, 어렵게 공부하고 노력해서 얻은 직업은 미래에도 유망할 것입니다.

어린 자녀들은 막연한 환상과 부정확한 정보로 직업을 바라보는 경향이 있습니다. 이때, 오랜 시간 직업을 영위하면서 취득한 아빠의 경험을 전달한다면 보다 안정적이고 유망한 미래 직업을 찾을 수 있다고 확신합니다. 자녀의 진로와 직업에 대한 최고의 멘토는 바로 여러분, 아빠라는 것을 잊지 마십시오.

Chapter 4

좋은 대학이 미래 직업을 보장하지 않는다

인생은 학력고사 점수순이었다

제가 대학에 입학하고 졸업했던 80~90년대에는 학력고사 성적이 대학을 결정하였습니다. 지금의 다양한 입학 방법과는 달리 학력고사 점수가 높은 순으로 소위 일류 대학교인 서울대, 연세대, 고려대 그리고 서울권 대학과 지방국립대에 입학했던 것으로 기억합니다. 그리고 입학한 대학은 취업하는 데 도움을 주었습니다. 학교의 인지도가 높으면 그만큼 취업이 잘 되었습니다. 기업에 입사해서 채용을 직접 담당해 보니 경험적으로 일류대 졸업생이 일도 잘하고 인적 네트워크도 좋아 그만큼 조직에서 성과를 내었기 때문이 아닌가 하는 생각을 가지게 되었습니다.

취업의 방식이 달랐던 부분도 있었을 것입니다. 몇 년 전 삼성이 부활시키려다 반대 여론에 부딪혀 취소하기도 했던 추천 제도 이야기입니다. 기업에서 대학별·학과별 추천장을 배부했는데 추천장이 있으면 취업에 좀 더 유리했습니다. 당연히 인지도가 있는 대학이 혜택을 받았습니다. 여러 개의 추천장을 받고 몇 개의 기업에 합격해 그중 하나를 선택했던 친구도 있었습니다.

물론 80~90년대에도 일류 대학이라고 해서 모두가 취업이 잘 되는 것은 아니었습니다. 비인기 학과의 경우 SKY라 하더라도 취업이 쉽지 않았습니다. 저의 셋째 누님은 SKY를 졸업했지만, 기업에서 선호하는 전공이 아니어서 일반 기업에 취업이 잘 안되어 2년간 준비해 공공기업에 취업했습니다. 이러한 상황은 2000년 이전까지는 어느 정도 유효했던 것으로 기억됩니다.

취업은 학교순이 아니라 노력순입니다

그러나 2000년대에 들어오면서 일류 대학 졸업이 곧 취업이라는 공식은 사라지고 있습니다. 점점 개인의 능력이 중시되고 있습니다. 새로운 산업과 직업이 생겨나면서 학연을 연결고리 삼고 인적 네트워크를 중시하던 경향도 점점 줄어들고 있습니다.

2000년대 초부터 2000년대 말까지 제가 근무했던 게임산업은 1990년대 말에 새로 생긴 산업입니다. 그러다 보니 선배가 있을

리 없어 철저하게 능력 위주로 채용을 진행했습니다. 어느 학교의 어떤 전공을 했는지는 중요하지 않았습니다. 오로지 능력만이 중요했습니다.

9년 전 취업컨설팅을 진행했던 한 학생은 대한민국 최고의 대학교 사범대학 H과 전공이었습니다. 임용고시를 준비하다가 일반 기업으로 방향을 바꾸었는데 저를 만난 시점에 52곳에 지원했으며, 두 곳에서 면접을 보고, 두 곳 모두 채용에서 탈락했다고 했습니다.

제 나름대로 분석해 보면 이렇습니다. 대기업은 많은 지원자 중에서 회사에 가장 적합한 인재를 채용합니다. 학교도 중요하지만, 전공도 고려할 수밖에 없습니다. 한편 중소기업의 경우에는 경험적으로 일류 대학을 졸업한 인재를 채용하면 장기근속하는 경우가 많지 않아 이러한 결과가 나왔다고 봅니다.

그리고 최근 주변의 이야기를 들어 보면, 일류 대학의 인기 학과라 하더라도 본인이 준비하지 않는 경우 취업을 보장할 수 없는 것이 현실이라고 합니다. 하나의 예로 모든 상황을 이야기할 수는 없지만 분명한 것은 일류 대학이 취업을 보장하지 않는다는 것입니다. 그럼에도 불구하고 일류 대학 졸업자가 취업에 유리하다는 것은 부인하지 않겠습니다. 실제로 이것이 채용의 현실이기 때문입니다. 그러나 준비되지 않은 경우, 일류 대학 졸업은 단지 졸업장에 불과하다는 것 역시 현실임을 이야기하고 싶습니다.

그렇다면 우리 자녀들은 어떻게 취업을 준비해야 할까요? 많은 대학 입학생은 대학이 결정되면 자기가 입학한 학교를 기준으로 많은 것을 포기하는 것 같습니다. 하지만 주변을 돌아보면 일류대가 아니더라도 일류 기업에서 일하는 청년들이 많습니다. 제가 취업 상담의 현장에서 만났던 분 중에는 일류대를 졸업하지 않았지만 인터넷 1위 기업 N사에서 프로그래머로 근무하는 분도 있고, 화장품 1위 기업 A사에서 마케팅을 담당하고 있는 분도 있습니다. 이들이 모든 것을 포기하고 가만히 있었다면 일류 기업에 취업하지 못했을 것입니다. 이들이 일류 기업에서 근무하고 있는 것은 현실을 회피하지 않고 현실에 맞서 부단히 노력했기 때문입니다.

이들은 학교에서 가르치는 것 외에도 민간 교육기관에서 프로그램 언어를 배우고, 공모전 등에 참여했습니다. 더 중요한 것은 단순히 언어를 배우고 공모전에 참여한 것이 아니라 본인이 가고자 하는 목표를 정하고 부단히 노력했다는 것입니다. 실제로, 취업을 준비하는 친구들을 만나면 명확한 목표 없이 스펙을 쌓기 위해 여기저기 참여하는 친구들을 적지 않게 볼 수 있습니다. 이러한 것들은 취업에 크게 도움이 되지 않습니다.

저는 일류대 학생들이 취업에 유리함을 부인하지 않는다고 이야기했습니다. 따라서 일류대 졸업생으로 준비를 철저히 한 친구들은 취업을 걱정할 필요가 없다고 봅니다. 그리고 일류대 졸업생이 아니더라도 철저히 준비한 친구들 역시 걱정할 필요가 없다고 생각합니다.

현재 내가 속한 학교가 중요한 것이 아니라 어떻게 준비하고 있는지가 핵심입니다.

'4당 5락.' 네 시간 자고 공부하면 대학에 합격하고 다섯 시간 자면 떨어진다는 말입니다. 다들 한 번쯤은 들어 본 말일 것입니다. 그러나 대학에 들어가서도 이 이야기를 하는 친구는 본 적이 없습니다. 끊임없는 자기 개발만이 취업 현장에서 승리하는 길임을 모두 명심하시길 바랍니다.

요즘 자녀의 취업에 대한 고민을 털어놓으며 도움을 요청하는 친구들이 있습니다. 자녀들을 정확히 이해하지 못하는 친구도 있고, 자신의 일방적인 의견을 자녀에게 강요하는 친구도 있습니다. 그러나 정작 아빠들은 취업시장이나 트렌드를 이해하기 위한 노력을 하지 않는 것 같습니다. 조금만 신경 쓴다면 누구보다도 자녀를 잘 이해하는 최고의 취업컨설팅을 해 줄 수 있는 사람이 바로 아빠인데 말입니다.

이제 한 발 뒤의 방관자가 아닌 앞장서서 자녀들의 진로와 직업 찾기를 이끌어 주는 아빠가 되어 주십시오. 그리고 자녀들을 칭찬하고 격려하는 것부터 시작해 주십시오. 이렇게 작은 것 하나부터 바로 실천하시면 아빠들은 자녀의 진로와 취업을 책임지는 멘토가 되실 것입니다.

Chapter 5

아빠도 입시 전문가

수천 개의 대학 입학 전형을 이해하자

큰아들이 대학입시를 준비할 때 저는 대학입시전형에 대해 크게 관심이 없었습니다. '수천 개의 다양한 방법으로 학생을 선발한다', '수시와 정시가 있는데 정시로 가는 것은 정말 어렵다', '수시로 대학을 가는 경우 수능 최저를 맞춰야 한다' 정도였습니다. 아들이 육군사관학교를 준비했기 때문에 입시전형보다 면접과 체력 검정에 더 관심을 가졌는지도 모릅니다.

여러 대학의 입시를 준비하며 면접 장소에 데려다주는 과정에서 무슨 소리인지 모를 말들이 제 귓가를 수없이 스치고 지나갔습니다. 전혀 이해할 수 없었습니다. 당연히 아들과 대학입시에 대한 의사소통이 원활할 리가 없었습니다.

다시 시간이 흘러 둘째 아들이 대학입시를 준비하는 시기가 되었습니다. 큰아들 때보다는 더 많은 관심을 가지고 입시 전략 공부도 하고 입시설명회에도 참석하였습니다. 이런 입시설명회를 듣기 전까지만 해도 대학은 아들이 열심히 공부해서 가는 거고 부모는 그냥 옆에서 조금 도와주는 존재라고만 생각했습니다. 그러나 설명회를 들으며 전혀 다른 생각이 들었습니다. 열심히 공부하는 것도 중요하지만 어떻게 입시 전략을 가져가느냐가 더 중요할 수도 있겠다 싶었습니다. 물론 대부분의 입시 전략은 아내가 맡고 있고 저는 의견을 주는 정도입니다. 하지만 제가 아들과의 대화에서 이방인이 아닌 참여자가 되었다는 것이 중요합니다. 취업에서 취준생의 능력만큼이나 전략이 중요한 것처럼 대학입시에서도 전략이 중요함을 이해한 것입니다.

입시설명회장에서 가장 특이했던 점은 아빠들이 거의 없다는 것입니다. 백 명 넘게 참여하는 설명회에서 제가 본 아빠는 10명 미만이었습니다. 최근에 참여한 설명회에서 아빠는 저 혼자였습니다. 조금 쑥스러운 상황이었습니다.

물론 입시설명회에 참여해야만 대학입시를 이해할 수 있는 것은 아닙니다. 하지만 적은 참석자 수에서 대학입시에 대한 아빠들의 관심이 낮음을 추측할 수 있습니다. 만약 큰아들 때부터 관심을 가졌다면 아들과 더 많이 이야기할 수 있었을 거라는 아쉬움이 남습니다.

요즘 제가 강의하는 교육장에서 만나는 교육생 중 대학입시생을 자녀로 둔 아빠들이 계시면, 그분들에게 자녀 입시 준비에 어떤 도움을 주냐고 물어봅니다. 대부분의 아빠는 아이들과 엄마가 알아서 준비하고 본인은 별로 관여하지 않는다고 답합니다. 이제는 변해야 합니다. 대학입시에 조금이라도 관심을 가져 아이들과 대화가 단절되기 쉬운 고등학교 시절에 대화의 끈을 마련했으면 합니다.

대학입시에서 직업의 트렌드를 찾아보자

새로 생겨나는 직업이 있고 없어지는 직업이 있듯이 대학입시에도 새로 생기는 학과들이 있습니다. 입학과 동시에 취업이 확정되고 전액 장학금을 주는 학과도 있습니다. 장학금은 당연히 기업의 후원으로 지급되는 것이겠지요. 기업에서 필요로 하는 인재를 양성하는 방법입니다.

연세대학교의 '시스템반도체공학과', 고려대학교의 '반도체공학과', '데이터과학과', '융합에너지공학과' 등입니다. 앞으로 이 분야에 많은 인력이 필요하기 때문일 것입니다.

학과가 신설되는 분야는 반도체, 데이터, 에너지, 인공지능 등인 것 같습니다. 우리는 이를 통해서도 미래 유망 직업을 확인할 수 있습니다. 입시설명회 강사님 말씀으로는 이런 학과의 경쟁률이 높을 것이라고 합니다. 자녀가 이러한 학과에 관심이 있고 공부를 잘한다면 지원해 볼 수도 있을 것입니다. 성적이 부족하다면 유사한 전공을 선택하여 입학한 후 관련 전공을 공부할 수도 있습니다. 이것도 미래 유망 직업을 준비하는 방법이 될 수 있습니다. 길은 하나가 아닙니다. 직업을 고민하며 진로를 선택하는 대학입시에서부터 아빠들이 함께하면 좋겠습니다.

  자녀들의 진로와 직업에 아빠들이 도움을 주는 방법은 그리 어렵지 않습니다. 그러나 많은 아빠가 오랫동안 대학입시 영역은 나의 영역이 아니라는 생각으로 멀리 떨어져 있었습니다. 처음에는 낯선 용어 등으로 어려움을 느낄 수 있습니다. 그러나 어느 정도 학습이 이루어지고 나면 재미있는 부분도 있습니다. 제 경험입니다. 아빠의 노력으로 자녀들의 대학 입학을 결정할 수는 없지만, 자녀와의 소통만큼은 분명 좋아질 것입니다. 대학입시를 앞둔 자녀가 있다면 오늘 당장 인터넷에 '대학입시포털'을 검색해 보십시오. 아빠를 바라보는 자녀의 시선이 변화할 것입니다.

Chapter 6

성공한 사람들의 직업

성공한 사람들의 직업은 어떻게 준비되었나?

시대에 따라 그리고 산업이 발전함에 따라 직업에는 많은 변화가 생깁니다. 오늘의 유망한 직업이 내일을 보장하지 못하기도 합니다. 성공한 분들의 직업을 보면서 어떻게 미래 직업을 준비해야 하는지 함께 생각해 보도록 하겠습니다.

요즘 반려견 행동 전문가 강형욱 훈련사가 핫합니다. 사실 반려견 행동 전문가는 생소한 직업입니다. 하지만 현재 반려견을 키우는 분들이 늘어나고 있어 앞으로는 수요가 많은 유망한 직업이 될 것 같습니다. 강형욱 훈련사는 아버지가 강아지 공장을 운영하셨다고 합니다. 부모님 일을 도우면서 생긴 트라우마는 반려견을 위한 일에 관심을 가지는 계기가 되었습니다. 그래서 국내외에서 강아지 훈련 교육을 받아 이 분야의 전문가가 되었습니다. 강형욱 훈련사의 성공은 자신의 환경에서 하고 싶은 일을 찾고 철저히 준비한 결과로 보입니다. 세계적인 투자가 워런 버핏의 아버지도 증권 사업가였습니다. 아버지와 함께 자연스럽게 어려서부터 투자에 관심을 가진 것입니다.

다음은 코로나19 발생 초기에 대구에서 히포크라테스 선서를 몸소 실천한 의사 안철수 대표입니다. 그는 학창 시절 중간 정도의 성적을 유지하다가 고등학교 때 본격적으로 공부를 시작하여 서울대 의대에 입학하였다고 합니다. 늦게 시작한 공부지만, 도서관의 책을 다 읽을 정도로 독서를 좋아했던 것이 서울대에 입학하는 결정적인 원인이 되지 않았을까 합니다. 그리고 대학 3학년 때 관심을 가진 컴퓨터가 궁극적으로 안철수 대표의 직업을 컴퓨터 바이러스 백신 개발자로 바꾸었습니다. 본인이 좋아하고 관심을 가진 것이 직업이 된 케이스입니다. 앞으로 오랫동안 해야 할 직업이라면 내가 좋아하는 일이 좋겠지요. 알리바바의 마윈 역시 항저우 사범대를 졸업하고 강사 생활을 하다가 우연히 알게 된 인터넷에 관심을 가진 후, 세계 최대의 전자상거래 기업을 만들었습니다.

아이들이 무엇을 좋아하는지는 가장 가까이 있는 아빠가 가장 잘 압니다. 아빠가 아이들이 좋아하는 일에 대한 다양한 정보를 전달해 준다면 이 또한 아이들이 미래 유망 직업을 찾는 지름길이 될 것입니다.

제가 강사라는 직업을 가지기 전부터 좋아했던 김미경 강사도 있습니다. 김미경 강사도 처음부터 강사는 아니었습니다. 대학 졸업 후 피아노 학원을 하다가 강사가 되고 싶다는 생각을 가지고 7년 동안 새벽 4시 30분에 일어나 공부를 하였다고 합니다. 제가 보지 않았으니 100% 믿을 수는 없지만 직접 강사를 해 보니 정말 많은 노력을 했음은 틀림없는 것 같습니다.

1시간 동안 누군가에게 강의하기 위해서는 많은 시간을 투자해야 합니다. 강사는 항상 새롭게 변화하는 세상을 공부해야 합니다. 김미경 강사가 강사를 직업으로 하기 위해 7년의 준비를 한 것처럼 아빠들도 자녀들의 직업을 찾기 위해 한번 노력해 보심은 어떨까요? '1만 시간의 법칙'을 들어 보셨을 겁니다. 어떤 분야에서 전문가가 되고 성공하기 위해서는 1만 시간 정도의 노력과 훈련이 필요하다는 것입니다. 하루에 3시간씩 약 10년이 걸리는 엄청난 시간입니다. 누구나 만 시간을 노력한다면 이루지 못할 것이 없습니다. 1만 시간까지는 아니더라도, 아빠들이 자녀와 함께 진로와 직업을 찾는 데도 상당한 시간이 필요합니다. 아빠들 준비되셨죠! 이제 시작입니다.

자녀의 미래 직업은 아빠와 함께 찾자

저는 2017년부터 5년간 취업 상담과 교육에 필요한 공간과 우리 아들들이 공부하는 공간을 마련해 주고자 스터디카페를 운영한 적이 있습니다.

한때는 아이들이 자주 왔지만, 이동 시간을 아끼고 싶다고 해서 집 근처의 스터디카페를 더 자주 다녔습니다.

스터디카페의 흔한 풍경을 소개하고 싶습니다. 엄마와 함께 공부하는 자녀들은 많지만 아빠와 함께 공부하는 자녀들은 없습니다. 이제 아빠들이 변해야 합니다. 자녀와 함께 공부하는 아빠의 모습을 보여 주세요. 아이에게 이번 주말 스터디카페에서 공부 겸 데이트를 신청해 보시면 어떨까요? 스터디카페 옆자리의 취준생들을 보면서 자연스럽게 진로와 직업에 대해 이야기해 보세요.

우리는 누구나 성공한 직업을 원합니다. 그리고 미래에도 안정적인 직업을 찾습니다. 다양한 분야에서 오늘도 열심히 일하고 계시는 아빠들도 이러한 직업을 찾으셨거나 지금도 찾고 계실 것입니다. 그러나 실상은 어떤가요? 말로는 쉽지만 현실은 정말 어렵습니다. 더욱이 세상이 빠르게 변하면서 이러한 직업을 갖는다는 것이 더욱 어려운 현실이 되었습니다.

그래도 위에서 본 유망한 직업을 찾은 분들의 사례를 보며 직업을 찾는다면 자녀들에게 잘 맞는 미래 직업을 찾을 수 있지 않을까 합니다.

첫째, 내 주변 환경에서 나에게 익숙한 것을 직업으로 찾으면 유망한 직업이 될 가능성이 커집니다. 부모님이나 가족 중에 의사가 있으면 의사가 되고, 주변에 무역에 종사하는 분이 있다면 자연스럽게 무역에 관심을 가지는 것처럼 말입니다.

둘째, 내가 관심 있고 좋아하는 것에서 직업을 찾는다면 이 역시 좋은 직업이 될 것입니다. 천재는 노력하는 자를 이길 수 없고, 노력하는 자는 즐기는 자를 이길 수 없습니다. 즉 좋아하는 것을 즐기면서 할 수 있다면 최고가 될 수 있습니다.

셋째, 아빠와 함께하는 직업 찾기는 아이들에게 동기부여도 되고 자부심도 줍니다. 제 주관적인 판단으로는 아주 일부의 아빠들만 자녀와 함께 진로와 직업 찾기를 적극적으로 하고 있기 때문에 이 글을 읽는 아빠들이 자녀들과 진로와 직업 찾기를 같이 한다면 자녀들도 아빠를 더 존경할 것입니다.

그리고 함께 적극적으로 직업에 대해 고민해 본다면 좀 더 객관적이고 바람직한 관점에서 직업을 볼 수 있을 것입니다. 이때 아빠의 역할은 '꼰대'가 아닙니다. 미래의 시각으로 직업 세계를 함께 바라봐 주어야 합니다. 미래에 어떤 직업이 생길지, 그중 어떤 직업이 유망할지 아무도 모르기 때문입니다. 자녀와 함께 수요가 늘어날 직업과 변화하는 직업 트렌드를 예측해 보는 것만으로도 의미가 있을 것입니다.

아빠들은 자녀를 위해 해야 할 일을 너무 큰 것에서만 찾는 경우가 많습니다. "아빠는 ○○을 믿는다.", "○○야. 사랑해."라고 문자 보내는 것부터 시작해 보십시오. 그리고 진로와 직업에 대해서 이야기해 보세요. 분명 변화하는 날이 올 것입니다.

PART 3

자녀의 꿈은
오늘도 진행 중

하고 싶은 것을 하고 싶어요
아빠 ○○이 되고 싶어요
아빠 제가 원하는 학교에 가고 싶어요
대학이 아닌 직업의 목표를 적어 보자
아빠도 제2의 직업을 찾아보자

Chapter 1

하고 싶은 것을 하고 싶어요

능력을 더 평가하는 회사

하고 싶은 일을 할 수 있다는 것은 생각만으로도 가슴 뛰는 일입니다. 이 글을 읽는 아빠들은 지금 하고 싶은 일을 하고 계신가요? 아니, 최소한 비슷한 일이라도 하고 계신가요?

혹자는 "세상에 하고 싶은 일을 하는 사람이 얼마나 되겠어?"라고 묻습니다. 사실 맞는 이야기입니다. 자기가 하고 싶은 일을 하는 사람은 많지 않습니다. 그러나 한편에서는 자기가 하고 싶은 일을 하는 성공한 사람들도 종종 볼 수 있습니다.

아빠들이 하지 못했다고 해서 우리 자녀들이 못 할 것이라는 생각은 버리셔야 합니다. 우리 자녀들이 다양한 직업 세계에서 하고 싶은 일을 한다면 얼마나 기쁘고 즐거운 일이겠습니까!

제가 2002년도에 근무했던 W 게임사는 관리 업무를 하는 직원을 제외하면 대학이나 전문대학을 졸업한 직원들이 거의 없었습니다. 심지어 대표이사도 대학교를 휴학하고 자신이 원하는 게임 개발을 하고 계신 분이었습니다.

게임을 좋아하고 게임을 만들고 싶어서 다니던 학교를 그만두고 입사한 직원들이 많았습니다. 실제 게임 개발에 필요한 아이디어와 그래픽 능력, 프로그래밍 능력이 더 중요했기에 학교 졸업장은 그다지 필요하지 않았습니다.

또 하고 싶은 일을 하다 보니 누가 시켜서 야근하는 것이 아니라 각자가 원해서 늦게까지 일했습니다. 그 과정에서 본인의 능력이 향상되고 이것이 높은 연봉으로 이어지는 선순환이 생기기도 했습니다.

일반적이고 전통적 기업에서 일하던 저에게 이런 환경은 충격이었습니다. 좋은 대학의 인기 전공이 높은 연봉을 받는다는 선입관이 깨지는 순간이었습니다. 학별보다도 개인의 능력이 더 중요하게 평가받는 것이었습니다. 기사나 이야기로는 들어 봤지만, 실제 제 앞에서 그러한 일들이 벌어지는 것을 보며 사회가 변화함을 느낄 수 있었습니다.

긴 인생을 생각해 볼 때 개인이 하나의 직업만 보고 갈 수는 없다는 것이 현재의 트렌드입니다. 이는 학벌을 아예 무시하는 상황이 무조건 좋은 것이 아님을 의미합니다. 저는 W사에서 대학을 휴학한 직원들에게 어떻게든 졸업할 것을 조언했고, 실제로 업무 시간을 조정해 학업을 할 수 있도록 도와주었습니다. 그리고 고등학교를 졸업한 직원들에게는 일하면서 상급학교에 진학할 것을 권유하기도 했습니다. 미래의 경력개발 차원에서 개개인의 커리어를 관리하기 위함이었습니다. 능력만 있으면 된다고 하지만 그 능력을 더 발전시키기 위해 필수적인 것이 학업이기 때문입니다. 또한 사회에서 바라보는 시각의 차이도 분명히 존재하기 때문입니다. 요즘에는 능력 사회라고 하면서 무조건 능력만 있으면 된다고 생각하는 분들이 있지만 100% 그렇지 않다는 것도 전달하고 싶습니다.

저는 제가 경험한 이야기를 취업이나 진로교육 시간에 이야기해 줍니다. 다양성의 시대에는 어떤 분야든 좋아하는 일을 하며 최고가 될 수 있도록 노력하는 것이 현명한 직업 선택의 길이라고 말입니다.

백만장자가 되기 위한 노력

S 방송사의 프로그램에서 본 내용입니다. 미국의 유명 대학에서 돈을 많이 버는 직업을 선택한 1,245명과 좋아하는 일을 선택한 255명을 20년간 추적 조사하여 연구했습니다. 20년 후 백만장자가 된 101명을 확인해 보니 100명이 좋아하는 일을 선택한 사람이었고 한 명이 돈을 많이 버는 직업을 선택한 사람이었습니다. 이 연구 결과를 보면 좋아하는 일을 하는 사람이 돈을 더 많이 벌고 성

공할 확률도 높다는 것을 알 수 있습니다.

저를 포함한 아빠들은 우리 자녀들이 어떻게 하면 공부도 잘하고 돈도 많이 벌고 성공할 수 있을지에 대해 관심이 많습니다.

이제 우리 아빠들이 다른 시각에서 자녀들의 직업을 바라보고 이끌어 주었으면 합니다.

게임에 중독되어 게임만 하는 자녀가 있다면 이를 야단치기보다는 "너는 게임을 좋아하고 잘하니 게임을 만들어 보면 어떨까?", "게임을 만들려면 이런 능력이 있어야 해.", "아빠가 절대적 지원을 할 테니 한번 게임 개발자가 되어 보자."라고 말해 보면 어떨까요? 아이는 게임 개발자가 아니더라도 지금까지와는 다른 새로운 도전을 시도할 것입니다. 즉 게임도 열심히 하겠지만 게임 개발자가 되기 위한 공부와 기술도 열심히 배울 것입니다.

만화를 좋아하는 자녀가 있다면 만화가 어떻게 만들어지는지, 만화가가 되려면 어떤 능력이 있어야 하는지, 성공한 만화가들은 어떻게 해서 성공했는지와 같은 것을 알려 줘야 합니다. 우리 자녀가 훌륭한 만화가가 될 수 있도록 격려해 주는 일이 필요한 것입니다.

우리 모두 자신을 돌아봅시다. 누가 시킨 일을 할 때와 내가 좋아하는 일을 할 때 중 어느 때 더 집중해서 열심히 하셨나요? 좋아하는 일을 할 때 집중도가 더 높지 않으셨나요?

물론 모두가 하고 싶은 일을 할 수는 없습니다. 그러나 가능한 한 자녀가 하고 싶은 일을 하도록 도와주는 노력을 우리 아빠들이 해야 한다고 봅니다.

　당장 오늘부터 우리 자녀들이 좋아하는 것에 관심을 가지고 함께해 보면 좋겠습니다. 저는 요즘 제 아들과 여러 가지 다양한 분야의 이야기를 많이 합니다. 발로 뚜껑을 여는 변기와 VR로 학교의 곳곳을 안내하는 프로그램을 개발하면 어떨까 이야기했습니다. 진행 중인 것도 있고 실현 불가능한 것도 있습니다. 이런 대화 속에서 자녀가 관심 있는 분야를 찾아 나가면 좋겠습니다. 이를 통해 우리 자녀가 하고 싶은 일을 하고 성공까지 할 수 있다면, 우리 아빠들은 더 바랄 것이 없을 것입니다.

　자녀의 진로와 직업을 찾는 과정에서 아빠와 자녀 모두 원하는 꿈을 이루시기 바랍니다.

Chapter 2

아빠 ○○이 되고 싶어요

육군사관학교에 가고 싶어요

어느 날 큰아들이 학교에서 돌아와 이야기합니다. "군인이 되고 싶어요." 뜻밖의 이야기여서 구체적으로 물어보았습니다. 왜 군인이 되고 싶은지 말입니다. 그랬더니 오늘 학교에 제복을 입은 군인이 왔는데 너무 멋있어서 그런 생각을 하게 되었답니다. 제 생각으로는 군인이 학교에 왔다는 것이 이해가 되지 않아 다시 차근차근 물어보았습니다. 군인이 아니고 경찰이었습니다. 학교폭력 예방교육을 위해 경찰관이 학교를 방문한 것이었습니다. 여러분이라면 이런 상황에서 어떻게 하시겠습니까? 아마 아빠마다 다양한 방법으로 설명해 주셨을 것입니다.

저도 저만의 방법으로 설명해 주었습니다. 군인이 되고 싶다는 것은 직업군인이 되겠다는 것이기에 직업군인이 되려면 사관학교에 보내는 것이 좋겠다고 생각하였습니다. 그래서 아들에게 군인이 되고 싶다면 그래도 장교가 되는 것이 좋겠다, 장교가 되기 위해서는 육군사관학교에 가는 것이 좋겠다고 이야기해 주었습니다. 하지만 저는 군 생활을 사병으로 해서 장교가 되는 방법, 육군사관학교에 가는 방법에 대해 아는 것이 별로 없었습니다. 그래서 아들에게 생생하고 실질적인 도움을 주고자 실제 육군사관학교를 졸업하고 중대장으로 근무하고 있는 분을 수소문해 여의도에서 함께 만났습니다.

육군사관학교에 가기 위해서는 어느 정도 수준의 공부를 해야 하고 체력은 어떠해야 하는지를 비롯해 군 생활에 대한 여러 이야기를 들었습니다. 그 후 아들이 변했습니다. 공부도 열심히 했지만 운동도 열심히 했습니다.

제가 적극적인 모습을 보인 이유는 저 자신도 장교로서의 직업군인에 대한 로망이 있었기 때문입니다. 저의 아버지도 제가 장교로 군대 생활을 하기를 원하셔서 학군단에 지원했었는데 떨어졌던 경험도 영향을 주었습니다. 아들을 통해 나의 꿈을 이루고자 하는 마음도 있었던 것입니다. 하지만 아들의 꿈을 도와주고 싶다는 마음이 더 컸습니다. 육군사관학교 합격 여부를 떠나 아들이 자기 생각을 아빠와 공유했다는 것이 저에게는 또 다른 즐거움이었습니다. 여러분들도 자녀의 진로와 직업을 함께 고민하고 그 과정에서 즐거움을 느끼셨으면 좋겠습니다.

아이들의 꿈은 성장하면서 수시로 바뀌는 것 아시죠? 제 아들도 고등학교에 들어가서는 갑자기 국어 선생님이 되겠다고 했습니다. 그래서 저는 아들의 평소 성격과 행동이 선생님과 잘 어울린다는 것, 국어 선생님이 되기 위해 필요한 능력과 선생님이라는 직업의 장단점 등을 이야기해 주었습니다. 좀 시간이 흘러서는 또 꿈이 변했습니다. 축구를 좋아해 유럽 프리미어리그 선수들의 소속과 성적, 연봉까지 알고 있는 아들이 스포츠기자가 되겠다고 합니다. 그래서 어떻게 하면 스포츠기자가 될 수 있는지를 이야기해 주었습니다. 고등학교 동창인, 2022년도에 한국기자협회 회장을 맡은 한겨레신문 스포츠부 부장의 스토리를 전해 준 것입니다. 그리고 스포츠기자가 되기 위해 어떤 노력을 해야 할지 같이 토론도 해 보았습니다. 그러나 결국에는 고등학교 3학년 1학기에 최종 진로를 육군사관학교로 정한 후 열심히 노력하여 육군사관학교로 진학했습니다.

변리사가 되고 싶어요

둘째 아들은 어려서부터 동물을 좋아하고 무엇인가 키우는 것을 좋아했습니다. 그리고 초등학교 때 동물을 치료하고 보살피는 일을 하고 싶다고 했습니다. 실제 장수하늘소, 고슴도치 등도 집에서 키워 보았습니다. 강아지도 키우고 싶어 했으나 사정상 키우지는 못했습니다. 저는 둘째 아들이 동물을 사랑하고 배려심이 많아 수의사가 적합할 것이라고 이야기해 주었습니다. 그런데 다시 꿈이 바뀌었습니다. 중학교 때 직업체험에 다녀와서는 변리사가 되겠다고 합니다. 그래서 제가 질문을 했습니다. 변리사가 어떤 일을 하는지 알고 있느냐고 물어보니 술술 이야기를 합니다. 변리사에 대해 많이 알아본 것 같습니다.

그 이후 둘째 아들과는 변리사에 대한 이야기를 많이 했습니다. 제가 W 게임사에 근무하던 시절 잠깐 담당했던 상표권 관련 업무 이야기와 상표·특허의 중요성을 이야기해 주었습니다.

그리고 얼마 후 제게 "아빠, 앞으로 중국과 특허 문제가 많이 생길 것 같아. 화학 분야의 공부를 해서 지적재산권 전문가가 될 거야."라고 합니다. 실제 아들은 화학에 관심이 있어서 부산에 둘이 여행 갔을 때, 부산 보수동 책방골목에 방문해 1954년 '正音社(정음사)'에서 출간한 화학 교과서를 기념으로 사기도 했습니다.

그리고 중국과의 업무를 준비하기 위해 중국으로 유학을 가고 싶다고 합니다. 그래서 저는 정말 많이 조사했구나, 칭찬해 주고 적극적으로 지원해 주겠다고 이야기해 주었습니다. 자신이 하고 싶은 것에 대한 고민을 많이 한 것 같습니다.

고등학생이 된 둘째는 또 다른 꿈을 가졌습니다. 벤처사업가가 되겠다고 합니다. 조금 추상적이기는 하지만 IT 분야에 관심이 많은 것 같습니다. 자기가 혼자 프로그래밍책을 사서 실제 프로그래밍을 해 보기도 합니다.

저는 또 이야기했습니다. "정말 훌륭하구나. 네가 모든 것을 다할 수는 없어. 그러나 대략적인 것은 알고 있어야 전체를 아우를 수 있고 무엇인가를 추진할 수 있단다."

저는 두 아들에게 어떤 직업을 가지면 좋겠다고 이야기한 적이 거의 없습니다. 그러나 아이들이 어떤 직업이나 일에 관심을 가지면 그것에 대해 정보를 주려고 노력했습니다. 아마도 저의 직업이 인사 업무이다 보니 더 관심을 가지게 된 것 같습니다.

아빠들이 자녀의 진로에 대해 해야 할 일이 있습니다. 먼저 아이들의 관심을 향한 긍정적 존중과 칭찬입니다. 모든 아빠가 경험했듯이, 사람은 자기 이야기가 긍정적 존중과 칭찬을 받았을 때 더 적극적으로 움직입니다. "칭찬은 고래도 춤추게 합니다." 긍정과 칭찬으로 시작하는 대화가 여러분 자녀의 무한한 잠재력을 끌어낼 수 있다는 점을 추호도 의심하지 않습니다. 여기서 솔직히 고백하면, 모든 일에 제가 이런 모습을 보인 것은 아닙니다. 다만 그렇게 하려고 노력하고 또 노력했습니다. 자녀들이 관심 있는 분야에 대해 정보를 주고 함께 이야기해 주는 아빠의 역할을 지금 바로 시작하십시오.

부산 보수동에서 구입한 1954년에 출간된 고등 화학책

Chapter 3

아빠 제가 원하는 학교에 가고 싶어요

아빠 ○○고등학교에 가고 싶어요

둘째 아들이 초등학교 5학년이었을 때로 기억합니다. 아이가 "아빠, 엄마! 저 영재고등학교에 가고 싶어요!"라고 합니다. 친구들이 대화하는 것을 듣고 와서 하는 이야기 같습니다. 기초과학을 연구하는 과학자가 되는 것이 꿈이라고도 합니다.

능력이 되는 한 아이들이 원하는 것을 해 주자고 생각하는 저로서는 아이의 이러한 모습이 반가웠기에 열심히 해 보자고 격려해 주었습니다.

수학과 과학 과목은 학원에 다닐 수밖에 없는 상황이었습니다. 집 주변에는 다닐 수 있는 학원이 없어 어쩔 수 없이 일주일에 2회

정도 목동의 학원에 다니게 되었습니다. 학교를 마치고 학원까지 다니기가 쉽지 않았겠지만 아이는 자기가 하고 싶은 목표가 생겨서인지 재미있게 열심히 다녔습니다.

약 4년이라는 기간 동안, 아이는 누구보다도 열심히 했습니다. 그러나 결과는 힘들게 달려온 노력을 한순간에 수포로 만들고 말았습니다. 더구나 함께한 친구들은 합격했는데 본인은 불합격한 것에 대한 좌절도 컸습니다. 너무 어린 나이에 좌절을 맛보는 것이 아닌지 걱정되어 위로차 몇 마디를 건넸습니다. 그러나 그 와중에 쓴소리 한마디를 한 것이 몇 달 넘는 냉전으로 이어지기도 했습니다. 아마도 비슷한 경험을 하신 아빠들이 많지 않을까 합니다.

우여곡절 끝에 마음을 다잡고 공부하던 아이에게 또다시 혼란의 시간이 왔습니다. 고등학교 1학년이 된 둘째는 스승의 날에 중학교 선생님을 방문하러 갔습니다. 구체적인 내용을 글로 쓰는 것이 부적절해서 쓸 수는 없지만, 이때 아들은 다시 한번 동기부여를 받고 새로운 목표를 가졌습니다.

"아빠, 저 이번에는 ○○고등학교에 지원해 보겠습니다." 한 번의 좌절을 겪었으나 다시 한번 도전해 보고 싶다는 것입니다.

아빠는 너를 지지하고 지원한다며 적극적으로 환영하고 격려해 주었습니다. 하지만 한편으로는 또 실패하면 어쩌나 싶은 걱정이 마음 한구석에 크게 자리 잡고 있었습니다. 어려서부터 좌절과 실패를 맛보는 것에 아들이 힘들어할까 걱정되었기 때문입니다. 그래도 한편으로는 이 또한 세상을 살아가는 데 단단한 기초를 마련해 주는 것이라고 긍정적으로 생각하기로 했습니다.

사실 아이만큼은 아니지만, 저 역시도 힘든 시간이었습니다. 그러나 이번에는 결과가 좋았습니다. 합격 소식을 듣는 순간 코끝이 찡해 오는 감정을 떨칠 수가 없었습니다. 너무 기뻤습니다. 실패를 딛고 다시 일어선 아들의 모습이 특히 더 고마웠습니다. 입학 초반에는 새로운 환경에 적응하느라 어려움도 있었지만 곧바로 잘 적응하였습니다.

실패를 통해 더 큰 목표를 이루자

저는 아이들이 목표를 가지고 도전하는 과정의 실패와 성공에서 많은 것을 배운다고 생각합니다. 우리 아빠들도 살아오면서 많은 목표를 세우고 도전하는 과정에서 실패와 좌절, 성공을 맛보셨을 것입니다. 이러한 과정이 저를 포함한 아빠들의 오늘이 있게 했음은 아무도 부인하지 못하실 것입니다.

아이들이 목표를 세우고 도전하도록 동기부여 하는 것이 아빠의 역할입니다. 아이들이 목표를 달성하지 못해 좌절할 때 격려하고 안아 주는 것도 아빠의 역할입니다.

'도전하지 않는 현재의 모습과 도전해서 실패한 현재의 모습이 같을지라도 실패한 나는 다시 도전할 수 있다는 희망이 있다.' 제가 살아오면서 인생의 가이드로 삼는 말입니다. 저는 둘째 아들이 실패에 굴하지 않고 도전한 것에 큰 박수를 보냅니다. 그리고 앞으로 다가올 수많은 실패를 극복할 힘이 생긴 것에 또다시 박수를 보냅니다.

저는 아빠들에게 이야기하고 싶습니다. 그 무엇보다도 소중하고 중요한 우리 아이들에게 목표를 주고 그것을 달성하는 과정을 함께하십시오. 그 과정에서 실패하더라도 그 실패는 앞으로 다가올 자녀의 도전에 든든한 기초가 된다는 것을 자녀와 공유하십시오.

어떤 아빠가 이런 말씀을 하셨습니다. "요즘 아이들은 목표가 없어요." 물론 틀린 이야기는 아닙니다. 하지만 저는 역으로 아빠가 좀 더 역할을 하셔야 한다고 말씀드리고 싶습니다.

그렇다면 목표에 대한 아이들의 동기부여는 어디서부터 생길까요? 처음부터 목표를 세우고 달성하기 위해 노력하는 아이들은 거의 없을 것입니다.

아빠들의 사회생활로 생각해 보겠습니다. 이사님이 무슨 일을 하라고 지시하십니다. 그러면 그 일에 대한 사전조사부터 시작해서 결과물을 내기 위해 열심히 노력할 것입니다. 친구가 부동산으로 돈을 벌었다는 이야기를 들으면 부동산에 관심을 갖는 분들이 많아질 것입니다. 누가 아들을 서울대에 보냈다는 이야기를 들으면 자녀의 교육에 대해 관심을 가질지도 모릅니다. 이렇듯 어떤 사안에 대해 관심과 목표를 가지려면 외부로부터의 자극이 먼저 있어야 합니다.

우리 자녀들이 스스로 목표를 만들기는 쉽지 않습니다. 친구가 됐든 아빠 엄마가 됐든 누군가가 옆에서 자극을 줘야 합니다. 이제 아빠들의 역할은 명확해진 것 같습니다. 자녀들에게 지속적인 자극을 주십시오. 밥을 먹다가도 좋습니다. 드라마나 예능을 보다가도 좋습니다. 함께 여행한다면 더 좋겠습니다. 수시로 자녀에게 자극을 주어 자녀 스스로 관심과 목표를 갖게 해 주십시오. 아이들은 스스로 세운 목표를 달성하기 위해 최고의 노력을 할 것입니다.

오래전 아들 책상 위에 "16+2+6"이라는 목표가 적혀 있는 것을 보았습니다. 이 내용을 보고 바로 이해하신 아빠가 계신가요? 하루의 24시간을 계획한 것입니다. 6시간 잠자고 2시간 휴식하고 16시간 공부하겠다는 계획입니다. 물론 다 지켜지면 좋겠지만 그렇지 않더라도 목표가 있기에 공부하는 시간이 더 확보되지 않을까 합니다. 누가 이야기한 것이 아니라 본인이 스스로 세운 목표입니다. 아들이 목표에 대해 항상 최선을 다해 주기를 응원합니다. 미국《USA TODAY》2003년 2월 호를 보면 목표를 글로 써서 보는 사람과 그렇지 않은 사람의 목표 달성률이 1,100% 차이가 났다고 합니다. 이제 자녀와 아빠도 목표가 있다면 글로 써서 항상 보면서 목표를 달성하시기 바랍니다.

Chapter 4

대학이 아닌 직업의 목표를 적어 보자

학문 연구? 취업 준비? 대학에서는 뭘 해야 하나요?

2024년 취업시장은 그 어느 때보다 암울합니다. 아니, 제가 직접 느끼기에는 암울 그 이상입니다. 모든 지표가 사상 최대·사상 최저로 표현됩니다. 대학을 나와도 취업하기는 하늘의 별 따기라는 이야기를 많이 합니다. 주변에서도 취업했다는 소리가 안 들린다고 합니다.

제가 대학을 졸업하고 취업하던 1993년 겨울에도 취업은 어려웠습니다. 그러나 지금과 같은 상황은 아니었습니다. 제 주변 동기들도 서울의 대기업과 중견기업 이상에 취업했습니다. 물론 세상 어느 곳을 가도 대학을 나왔다고 취업을 보장해 주지는 않습니다. 그러나 어느 정도 열심히 준비한 취업 준비생들에게는 취업의 문이 열려 있어야 한다고 생각합니다. 정말 열심히 준비했는데도 좌절을 겪는 취업 준비생을 보면 너무 안타깝습니다.

취업시장이 어려워지면서 대학이 더욱더 취업을 준비하는 곳으로 바뀌고 있는 것 같습니다. 대학교 1학년 때부터 취업 준비를 했다는 취준생을 만난 적도 있었습니다. 대부분의 고등학생은 대학 전공을 결정할 때 취업이 잘 되는 전공을 선택하거나 원하는 대학교를 결정한 후 거기에서 점수에 맞는 전공을 선택합니다. 그러다 보니 대학에 입학해서 자신과 잘 맞지 않은 전공으로 힘들어하는 경우가 많고 취업을 준비하는 과정에서도 최선을 다하지 못하는 경우가 많습니다.

2년 전 지방의 ○○대학 컴퓨터공학과 3학년 학생들의 진로상담을 1학기 동안 진행한 적이 있습니다. 우리가 아는 취업이 잘 되는 전공이지만 약 90명의 상담자 중 20% 이상이 전공과 관련 없는 진로와 직업을 찾고 있었습니다.

대학을 입학하는 궁극적인 목표가 무엇일까요? 대학이 학문을 연구하는 곳이니 당연히 학문을 연구해야 하겠지요? 그러나 더 궁극적인 목적은 취업이 아닐까 합니다. 다른 말로 바꾸어 말하면 직업을 구하는 것이지요.

그래서 저는 감히 이야기하고 싶습니다. 대학을 선택할 때 본인이 하고 싶은 직업이 무엇인지 진지하게 생각해 보고 대학의 전공을 결정하자고 말입니다. 다행히 예전보다 많은 고등학생이 자신이 하고 싶은 일을 미리 정하고 거기에 맞는 대학 전공을 선택하는 것 같습니다.

이럴 때일수록 아빠의 역할이 중요합니다. 저는 아들들과 직업에 대해 많은 이야기를 나누어 보았습니다. 아이들이 인터넷에서 찾아보거나 선생님으로부터 배운 내용을 가지고 이야기하는 것을 들어 보면 많은 부분이 맞는 이야기이지만 실제 현장에서의 내용과 맞지 않은 것도 일부 있었습니다. 이때 실제 직업 현장의 이야기를 아빠가 전달해 주시면 자녀의 진로와 직업 교육에 크게 도움이 될 것입니다.

직업 세계에 대하여 자녀들과 이야기하다 보면 자녀와 좀 더 자연스럽게 가까워질 수 있습니다. 이 과정을 통해 엄마 위주로 이루어지는 자녀 입시 준비에서 조금은 소외되었던 우리 아빠들도 자녀를 위해 무언가를 적극적으로 할 수 있는 영역이 생길 수 있다고 생각합니다. 현재로서는 자녀의 학업에 있어 아빠의 역할이 거의 없다고 생각합니다. 회사 생활을 하면서 자녀의 학업까지 챙기는 것은 거의 불가능한 일이기 때문입니다. 결국, 아빠는 자연히 자녀들과 멀어지는데, 진로와 직업을 찾는 대화를 통해 자녀와 가까워지는 기회를 잡으시기 바랍니다.

전공을 결정하기 전, 직업에 관심을 갖자

17년간 인사 업무를 하고 이후 약 15년간 취업·진로 교육과 상담을 하며 다양한 직업을 접해 본 저도 누군가에게 설명할 수 있는 직업의 가짓수는 제한적입니다.

아들이 군인이 되고 싶다고 했을 때도 직접 설명할 수 없어 직업군인을 직접 찾아 설명해 줄 수밖에 없었습니다. 너무나도 많은 직업이 있기 때문에 제가 아는 것으로 설명해 주는 데는 한계가 있습니다. 따라서 직업에 대한 정보가 어디에 있는지를 아는 것이 중요합니다.

21세기를 사는 우리는 정보의 홍수 속에 살고 있습니다. 그 정보가 정말 맞는지 아닌지는 그 분야의 전문가가 아니라면 확신할 수 없는 것이 사실입니다. 그래서 제가 관련 일을 하면서 알게 된 신뢰도 높은 몇 개의 웹사이트를 소개하고자 합니다.

- 워크넷: http://www.work.go.kr
- 국가직무능력표준: https://www.ncs.go.kr
- 대입정보포털: https://www.adiga.kr/
- 진로정보망 커리어넷: https://www.career.go.kr/

진로정보망 커리어넷 누리집

위의 사이트를 활용하면 어느 정도는 자녀와 직업에 대해 이야기할 정보를 얻을 수 있을 것입니다. 만약 여기에서 정보를 얻지 못한다면 직접 발로 뛰어서라도 자녀들이 원하는 정보를 찾아서 공유해 주어야 할 것입니다.

관심 있는 직업이 생겼다면 그 직업을 준비하는 전공을 찾아봐야 합니다. 하나의 예를 들어 보겠습니다. 요즘 4차 산업혁명과 함께 각광받고 있는 빅데이터에 관심이 생겼다면 최근 신설된 빅데이터학과를 비롯한 통계학, 수학, 컴퓨터공학 등이 적합한 전공이 될 것입니다. 이런 전공을 공부하며 자연스럽게 빅데이터 관련 직업을 찾아갈 수 있지 않을까 합니다.

자녀의 미래 직업을 찾아 대학 진학 시 전공을 매칭해 주는 역할은 이제 우리 아빠의 몫입니다. 너무 어려워하거나 두려워하지 마십시오. 그렇게 어렵지 않습니다. 아빠들이 회사에서 일하듯이 정보를 찾고, 정확하지 않으면 네트워크를 활용해 확인한 후, 자녀들에게 정확한 정보를 전달하기만 하면 됩니다. 이제 아빠들은 자녀들이 관심 있는 직업을 가지려면 어떤 전공을 선택해야 하는지에 대한 정확한 정보를 전달하는 메신저가 되어 주어야 합니다.

Chapter 5

아빠도 제2의 직업을 찾아보자

이제는 선택이 아닌 필수가 된 제2의 직업

저는 첫 직장에 입사한 후 이곳이 나의 평생직장이고 여기서 정년퇴직을 할 것이라고 생각을 했습니다. 아버지도 거의 정년까지 근무하셨고 작은아버지는 정년 후에도 같은 직장을 더 다니신 것으로 알고 있습니다. 당시는 직장인 대다수가 한 직장에서 오래 근무하던 시대였습니다. 그러나 IMF 외환 위기 이후 평생직장의 개념이 사라졌습니다. 게다가 현대사회는 평균수명 연장으로 '100세 시대'라고도 합니다.

저를 포함하여, 많은 아빠가 직업을 계속 유지해야 하는 나이를 60세가 아니라 70세 정도라고 이야기하십니다. 최근 신문 기사에

소개된 통계청 자료에 따르면 50세부터 69세의 사람들은 평균적으로 73세까지 일하고 싶어 한다고 합니다. 아빠들이 일하는 일터를 돌아보면 내가 언제까지 일할 수 있을지 예상되리라 생각합니다. 물론 이 책의 주제는 아이들에게 진로와 직업을 찾아 주는 것입니다. 하지만 아빠도 제2의 직업을 찾으며 자녀와 함께하면 더 재미있지 않을까 합니다.

저는 1992년에 처음 직장에 취업해서 2009년 퇴사할 때까지 직장을 세 번 옮겼지만 인사 업무를 계속 담당했습니다. 직원들에게는 경력개발을 잘해야 한다고 이야기했지만 정작 저 자신의 경력개발에 대해서는 아무런 준비를 하지 못했습니다. 회사를 그만둔다는 상상을 별로 해 본 적이 없다는 것도 하나의 이유이지 않을까 싶습니다.

2009년 직장을 떠나 '무데뽀'로 회사를 창업해서 올해로 15년 차입니다. 중간중간 어려움이 있을 때마다 '직장 다닐 때 준비 좀 할걸'이라는 생각을 많이 하였습니다. 어쨌든 아직까지 생존해 있는 것을 보면 일에 대한 적응력과 문제 해결 능력은 조금 있는 것 같습니다.

퇴사 후 제가 했던 일은 인사 업무를 베이스로 하는 기업의 경력직원 채용 대행부터 시작했습니다. 지금은 취업과 NCS 관련 내용으로 진로와 직업에 대한 강의 및 상담과 한국기술교육대학교 능력개발교육원의 교육과정 그리고 청소년과 부모님 대상 진로교육,

자녀와 부모가 함께 진로와 직업을 찾아보는 진로캠프를 진행하고 있습니다.

회사에서 일할 때 직원 교육을 해 본 적은 있지만 모르는 불특정 다수를 대상으로 하는 강의는 해 본 적이 없었습니다. 그래서 처음 강의를 요청받은 후 한 달 동안 저 혼자 사무실에서 연습도 하고 아이들 앞에서 강의 시연도 하며 준비하였습니다. 이 과정에서 저는 새로운 일을 하기 위해 준비하는 모습을 아이들에게 자연스럽게 보여 주었습니다. 직업 능력 개발 훈련교사 자격증을 취득하기 위해 5주간 주말을 반납하고 교육받는 모습을 보여 주기도 하였습니다. 대학 진학을 위해 준비하는 아이들이 더 힘들겠지만, 아빠가 새로운 일을 준비하는 모습을 보며 직업의 세계를 조금은 이해했을 것입니다. '직업을 갖는다는 것이 힘든 일이구나'를 느끼지 않았을까 합니다. 실제 대학생이 된 큰아들은 아르바이트하면서 돈을 버는 것이 얼마나 힘든지 느꼈다며 아빠를 위로해 주기도 하였습니다.

아빠들도 이제 새로운 트렌드에 맞추어 생존하기 위해 제2의 직업을 찾아야 합니다. 직업 능력 개발 훈련교사 자격증을 취득하기 위해 교육받을 때, 주로 직업훈련 기관에서 강의하시는 분들이 많이 오겠지 싶었는데 의외로 현재 기업에 재직 중인 분들도 많았습니다. 현역 군인, 서울교통공사, 대한항공, IT 분야 기술사 등 상상을 뛰어넘는 분들이 눈앞에 보이니 많이 놀라울 따름이었습니다.

나름대로 제2의 직업을 준비하는 아빠들이 많으실 것입니다. 아직 생각만 하고 실천에 옮기지 못한 분들이 있다면 바로 실천에 옮기시기 바랍니다. 그리고 아빠들이 제2의 직업을 고민할 때 아이들과 함께한다면 서로를 격려하며 재미있게 할 수 있을 것 같습니다. 같은 곳을 바라보고 같은 고민을 함께한다면 아이들의 진로와 직업에 대한 정답도 좀 더 쉽게 구할 수 있다고 봅니다.

위기를 기회로

여러 번 책 쓰기를 시도하다 실패했는데 경제 환경이 좋지 않아 강의 수요가 줄어든 현시점에 시간적 여유가 생겨 책을 다시 쓰게 되었습니다.

취업과 관련한 일을 해 오던 중, 특히 대학을 졸업한 취준생들과 상담할 때 우리나라 교육제도에 청소년이 받을 수 있는 진로·직업 교육이 절실히 필요하다는 것을 느꼈습니다. 그래서 중고등학교 시기에 진로와 직업에 대한 교육을 통해 대학 전공을 선택하고, 대학 진학 후 직업을 준비할 수 있다면 좋겠다는 막연한 생각을 하였습니다. 특히 중요한 역할은 가정에서 아빠가 하여야 한다는 생각으로 책 제목을 《보통 아빠와 함께하는 특별한 진로 여행》으로 정해 놓고 준비했습니다. 책 쓰기를 항상 바쁘다는 핑계로 몇 줄 쓰다 말기를 반복했는데 이번이 좋은 기회가 된 것 같습니다. 어떻게 보면 지금은 위기이지만 저는 이 위기를 새로운 분야 개척을 위한 기회로 사용하고 있는 것입니다.

최근 기사를 보면 경기가 안 좋다는 이야기만 들리며, 금융회사, 건설회사, 주류회사, KBS 방송국 등의 구조조정 이야기가 나오고 있으며 이 추세는 점점 증가할 것으로 보입니다.

이 상황에 불안함을 느끼실 아빠들에게 간곡히 말씀드리고 싶습니다. 회사를 떠나는 순간 한 번도 경험해 보지 못한 세상을 경험하시게 될 것입니다. 따라서 미리미리 준비하십시오. 내가 좋아하는 것이 무엇인지, 내가 잘할 수 있는 것이 무엇인지, 어떻게 준비해야 하는지를 말입니다. 알고 있는 한 분이 몇 년 전 금융권에서 명예퇴직하고 무슨 일을 해야 할지 고민하다가 자신이 평소 하고 싶었던 목조건축에 관심을 가지고 정보를 수집하여 관련 직업훈련 기관에서 교육을 받았습니다. 지금은 목조건축으로 제2의 직업을 가지게 되었습니다. 프로세스는 자녀의 진로와 직업을 찾는 것과 다르지 않습니다.

우리는 경험을 통해 그 일을 더 잘할 수 있습니다. 전례 없는 불확실성이라는 위기 상황에서 아빠들이 제2의 직업을 찾으면서 경험한 것을 자녀의 진로와 직업 찾기에 활용한다면 더 좋은 결과를 가져올 수 있다고 봅니다. 아빠와 자녀가 진로·직업을 함께 찾는 귀중한 시간을 준비해 보십시오. 잘될 수 있다는 긍정의 마음으로 말입니다.

PART 4

여행으로 소통하고
꿈을 보여 주자

여행은 자유여행으로
40일간의 미국 여행
칭기즈칸을 찾아서
아빠랑 둘이 왔어요?
직업 여행을 떠나 보자

Chapter 1

여행은 자유여행으로

함께 준비하는 여행

저는 아빠들에게 자녀들과의 소통을 위한 자연스러운 일대일 미팅을 추천합니다. 여기서 미팅은 맛있는 것 먹기, 영화 보기, 짧은 여행 등을 말합니다. 그리고 자녀와 단둘이 가는 여행도 권해 드립니다. 이 책을 읽는 아빠들도 아이들과 여행을 많이 다녔을 것으로 생각됩니다. 아빠들은 자유여행과 패키지여행 중 어떤 여행을 선호하시는지요? 자유여행은 준비할 것이 많기 때문에 조금 덜 선호하실 것 같습니다. 개인적인 취향이기 때문에 정답은 없습니다. 그러나 단순 휴양보다 자녀와의 소통에 더 큰 비중을 둔다면 자유여행을 권해 드리고 싶습니다. 패키지여행에서도 많은 소통을 할 수 있지만, 자유여행은 그보다 더 많은 소통을 할 수 있기 때문입니다.

여행을 떠나기 이전부터 어디를 갈 것인지, 숙소는 어디로 할 것인지, 어떤 음식을 먹을 것인지 등 정말 정말 할 이야기가 많습니다. 이런 과정을 통해 자연스럽게 소통 방법을 배울 수 있을 것입니다. 저는 아이들이 아주 어렸던 시절 첫 가족여행이었던 태국 여행만 패키지로 여행했고 그 이후는 모두 자유여행으로 갔다 왔습니다.

결혼 전 업무 출장으로 일본의 디즈니랜드, LA의 유니버설 스튜디오 그리고 나이아가라폭포를 방문한 적이 있습니다. 결혼 후 아이를 낳으면 꼭 가야겠다고 생각했습니다. 그중 두 곳은 달성했습니다. 나머지 한 곳인 나이아가라폭포는 두 아이가 대학을 졸업하기 전 꼭 달성하려고 합니다.

제가 아이들과 함께했던 국외 여행은 2004년 도쿄 여행, 2006년 베이징 여행, 2007년 40일간의 미국 서부 여행, 2011년 일본 오사카 여행, 2012년 몽골 여행, 2015년 둘째 아들과 둘이 간 상하이 여행, 2018년 일본 삿포로 여행, 2019년 큰아들과 둘이 간 베트남 여행, 2024년 큰아들 전역 기념으로 이제는 다 큰 아들들이 통역사로 함께한 나트랑 여행 등이 있습니다. 그리고 당일 여행을 제외하고는 경주, 부산, 포항, 속초, 제주, 안동, 여수, 정읍, 목포, 광주, 강화 등을 가족 전체 아니면 아들과 단둘이 다녀왔습니다.

여행을 준비하는 입장에서 여행을 다녀 보신 분들은 자유여행이 더 손이 많이 가서 힘들고 비용도 많이 드는 것을 잘 아실 겁니다.

그러나 그만큼 더 오래 기억이 남고 이야깃거리도 많습니다.

지금도 아이들과 이야기하는 몇 가지 일화가 있습니다. 첫 번째는 중국 베이징의 큰 백화점에서 있었던 일입니다. 화장실을 찾지 못해 곤란한 상황이었습니다. 아무리 "Toilet"을 외쳐도 아무도 이해하지 못하는 상황에서 큰아들이 "시소지엔"이라고 말하니 바로 알려 주더군요. 초등학생인 아들이 방과 후 수업으로 중국어를 배우고 있던 때입니다. 지금도 자기가 아니었으면 화장실은 급한데 큰일 날 뻔했다고 이야기합니다.

큰아들의 대학 입학 기념 여행으로 갔던 일본 삿포로 여행도 기억에 남습니다. 미슐랭 스시를 먹어 보기 위해 큰아들이 한국에서 전화로 예약한 후 기차를 타고 오타루의 '이세스시'라는 곳을 어렵게 찾아가서 먹기도 했습니다. 사실 아무것도 아닌 것 같지만, 그 순간만은 온 가족이 하나가 되었던 느낌이었습니다. 하나의 목표를 함께하니 관계도 좋아지고 서로를 더 이해할 수 있는 계기였습니다. 여행을 통해 서로를 함께 이해하는 시간을 갖는다면 분명 자녀와의 소통에 도움이 될 것입니다.

우물 안의 개구리

저는 여행이 새로운 지역이나 선진국을 비롯한 여러 나라의 모습을 통해 자연스럽게 세상을 보는 아이들의 눈을 키워 준다고도 생각했습니다. 그리고 아이들과 여행도 자주 하는 나름 좋은 아빠라는 자부심을 가지고 살아오고 있었습니다. '나 같은 아빠는 많지 않을 거야'라고 말입니다. 솔직히 주변의 친구들을 돌아보아도 저 같은 경우는 많지 않았습니다. 그러나 몇 년 전부터 참여했던 봉사활동 단체의 아빠들은 제가 우물 안 개구리였음을 알게 해 주었습니다.

다들 자녀와의 관계에 있어 적극적이고 활동적인 분이셨습니다. 한 분은 서울 강북에서 자녀들에게 관심 있는 아빠들의 모임을 만들어 정기적으로 아이들과 놀이 모임을 운영하고 계셨습니다. 또 다른 한 분은 창원에 사시는 분인데, 주중에도 갑자기 아들과 함께 "제주도 한번 갈까?" 하고 휴가를 내 제주도에 가서 놀다 오신다고 합니다. 이 이야기를 듣고 "이 아빠들은 한가해서 이렇게 할 수 있어.", "돈이 많아 그렇게 할 수 있는 거지."라고 말씀하실 분도 계실 것입니다. 그러나 이분들도 다 직업을 가지고 열심히 하루하루를 살아가는 평범한 아빠들이었습니다. 친구들 사이에서는 좋은 아빠라 자부했는데 이곳에서는 지극히 평범한 아빠일 따름이었습니다.

관건은 가장 중요한 순위가 어디에 있느냐 하는 것입니다. 친구들과 노는 것이 우선순위면 친구들과 어울리는 시간이 많을 것이고, 운동이 우선순위면 운동하는 시간이 많을 것입니다.

우리는 살아가면서 나를 둘러싼 환경만 바라보며 '내가 최고야.'라고 생각하는 경향이 있습니다. 그러나 눈을 조금만 밖으로 돌리면 전혀 다른 세계를 만날 수 있습니다. 좋은 아빠라는 생각도 눈을 다른 곳으로 조금만 돌리면 흔들립니다. 본받아야 할 아빠들이 너무 많습니다.

꼭 돈이 많이 드는 해외여행이 아니어도 좋습니다. 꼭 휴가를 내어 가지 않아도 좋습니다. 최우선 순위를 자녀에 두고 자녀가 원할 때 함께 출발할 준비만 하고 계시면 됩니다. 이런 여행을 통해 여러분은 분명 여러분의 자녀를 더 잘 아는 기회를 얻게 될 것입니다.

항상 자녀와 함께 여행할 수 있는 준비된 마음을 가진 아빠가 되어 주십시오.

가족과 함께한 일본 여행 사진(유니버셜 스튜디오)

Chapter 2

40일간의 미국 여행

'무데뽀'이기에 가능했던 일

저의 별명 중 하나는 '무데뽀'입니다. 2007년 아이들 겨울방학 중 가족과 함께 떠난 약 40일간의 미국 서부 여행으로 얻게 된 별명입니다. 2007년 제가 근무하던 회사에 새로운 CEO가 오면서 대대적인 조직개편이 이루어졌습니다. 하지만 저는 변화에 민감하지 못했던 것 같습니다. 제 일만 묵묵히 열심히 하면 된다고 생각했지 어떤 상황에 어떻게 행동해야 하는지에 대해서는 중요하게 생각하지 않았던 것입니다. 지금 와서 생각하면 순진하거나 모자라지 않았나 하는 생각도 듭니다. 이 부분은 아빠들이 정말 진지하게 생각하고 되새겨 볼 부분이라고 봅니다. 직장 생활을 하는 동안 이런 상황을 경험하지 않으면 최고이겠지만 어떤 분은 어쩔 수 없이 경험하게 될 부분인 것 같습니다.

 어쨌든 저의 의지보다는 상황이 좋지 않음을 느끼고 잘 참지 못하는 급한 성격에 사직서를 제출했습니다. 그러고는 1992년부터 2007년까지 16년간 열심히 살아온 것에 대한 보상이라 생각하고 아내, 두 아들과 미국 여행을 계획했습니다. 물론 순탄하게 결정된 것은 아니지만, 아내를 열심히 설득하여 결정했습니다. 짧은 기간에 여행 일정을 잡고 렌터카를 예약하고, 호텔도 예약하고, 가 볼 여행지를 결정하기가 쉽지는 않았지만, 그동안 여행을 준비하면서 얻은 경험을 통해 잘 진행했습니다. 새로운 도전을 준비하는 즐거운 시간이었습니다. 물론 전체 일정은 아내와 두 아들과 함께 준비했습니다. 영어로 소통도 안 되는 저였는데 지금 돌이켜 보면 어떻게 그런 결정을 내렸는지 저 자신도 의문이 들 정도입니다.

 아이들의 겨울방학에 맞추어 방학 다음 날인 2007년 12월 22일 샌프란시스코행 비행기를 탔습니다. 여행 일정은 미국 서부 중요 도시 및 어바인에서 한 달 살기였습니다. 두 아들에게 넓은 세상을 보여 주는 것과 더불어 저에 대한 보상의 의미가 여행의 목표였습니다.

 여행 중의 에피소드를 조금 소개해 드리고자 합니다. 샌프란시스코 공항에서 렌터카를 픽업했습니다. 어찌하다 보니 뒤 차에 밀려 도로로 나왔고, 어떻게 가야 하는지 몰라 그냥 직진하였는데 피어 39(Pier 39)가 나왔습니다. 요즘도 할리우드 영화를 보면 가끔 나오는 곳입니다. 거기서 미국에서의 첫 식사로 클램 차우더를 먹었습니다. 정말 잊을 수 없는 맛이었습니다. 지금도 아이들이 가끔 그 맛을 잊을 수 없다고 이야기하곤 합니다.

최근 tvN 방송 〈어쩌다 사장 3〉의 촬영 장소인 몬터레이에서는 주유해야 하는데 어떻게 해야 하는지를 몰라 누군가가 오기를 기다렸다가 보디랭귀지로 물어보고 첫 주유를 했던 기억이 있습니다. 그때 저에게 설명해 준 미국분이 우리 가족이 어디서 왔는지 물었습니다. 한국이라고 답하자 자신이 한국을 여행한 적이 있다고 반가워하며 즐거운 여행이 되라는 말을 해 주었습니다. 지금은 우리나라도 셀프주유소가 많아 특별히 어려울 것이 없지만 그 당시는 다 첫 경험이었습니다.

난감했던 기억도 있습니다. 산타모니카에서 아름다운 해변을 즐기고 난 후, 다음 여행지의 숙박 바우처를 분실했다는 걸 알게 되었습니다. 라스베이거스로 가 무작정 한글 간판이 있는 곳에서 인터넷 좀 사용하자고 한 후 바우처를 프린트한 기억이 있습니다. 지금 이 책을 통해 감사했다는 말씀을 한 번 더 드리고 싶습니다.

그랜드캐니언에 가는 날 저녁, 칠흑같이 어두운 밤에 하늘에서 엄청난 별이 쏟아지던 광경도 잊을 수 없는 추억입니다. 칠흑 같은 어둠 속이라 차 문을 열고 나오는 것이 무섭기도 했지만, 그날의 별들은 잊을 수가 없습니다.

두 아들은 놀이동산인 유니버설 스튜디오와 씨월드가 가장 기억에 남는다고 합니다. 아이들에게 큰 꿈을 심어 주는 것이 여행의 목적 중 하나였기에 아이들이 먼 훗날 다닐 수도 있다는 생각으로 여행 일정에 있던 스탠퍼드대학교, UCLA, UCI도 방문했습니다.

스탠퍼드대학교는 1년에 1번 쉬는 날인 크리스마스에 방문하여 기념품을 사지 못했지만, UCLA와 UCI에서는 아이들에게 기념품을 사 줘 오래 기억이 남도록 해 주었습니다.

저에게는 가슴이 확 트이게 하는 웅장함을 보여 준 그랜드캐니언의 모습이 가장 기억에 남는 장면이었습니다. 지금도 강의 중에 그랜드캐니언의 사진을 활용해 직접 보고 체험하는 것의 중요성을 설명하기도 합니다.

두 아이에게 어바인에서의 한 달은 미국 학교 체험이었습니다. 아침에 학교에 데려다주고 오후 2~3시경 하교 시간에 맞추어 아이들을 데리고 오는 것을 반복하며 지냈습니다.

워낙 넓은 지역이다 보니 많은 부모님이 아이를 학교에 등하교시켜 주는 것 같았습니다. 짧은 기간이었지만 아이들과 종일 함께하는 소중한 시간이었습니다. 한 달의 체험이지만 아이들에게도 미국 아이들과 함께 생활하며 영어에 대한 막연한 두려움을 극복하고 자신감을 가지는 소중한 시간이 되었던 것 같습니다.

만약 이 미국 여행이 우리 아이들의 마음속에 새로운 꿈과 희망을 품게 해 그것이 먼 훗날 이루어진다면 이 여행은 그 어느 여행보다 값진 여행일 것입니다.

미국 여행 사진(스탠퍼드대학교)

　결론적으로 이 40일간의 여행은 두 아들이 여러 부문에서 자신감을 가지게 된 좋은 기회였습니다. 물론 제게도 무한한 자신감으로 오늘을 열심히 살아가는 원동력이 되었습니다. 무작정 도전했던 제 모습이 아이들에게 무한한 도전 정신을 보여 주지 않았을까 합니다. 이 글을 읽는 아빠들도 어떤 것이 됐든 도전하고 그것을 이루는 모습을 자녀에게 보여 주십시오. 분명 그것이 자녀들에게 긍정적인 에너지로 전달되리라 믿습니다.

Chapter 3

칭기즈칸을 찾아서

둘만의 여행이 가족여행으로

큰아들이 중학생 때의 일입니다. 어느 날 선생님의 몽골 여행기를 듣고 와서는 선생님이 꼭 한번 가 보라고 하셨다고 말합니다. 자기도 한번 가 보고 싶다고 이야기합니다. 저는 둘만의 여행 기회라 생각하고 몽골 여행을 가기로 아들과 약속하였습니다.

평소 이름은 들어 본 국가였지만 푸른 초원이 펼쳐진 나라라는 것 이외에 어떤 나라인지, 어떤 관광지가 있는지는 모르는 나라였습니다. 여행을 준비하면서 큰 난관에 부딪혔습니다. 몽골의 수도인 울란바토르와 수도에서 가까운 테르지 등을 가는 여행 패키지는 있었지만, 나머지 지역은 제가 차량과 가이드를 섭외해서 가야 하는 곳이었습니다. 비용을 아끼려면 지역별 여행자들이 동행을 구해야 하는 상황이었습니다. '러브몽골'이라는 네이버 카페에서 동행자를 모집하여 두 명을 섭외했는데 여행을 얼마 남겨 두지 않고 두 분이 취소하는 바람에 어쩔 수 없이 우리 가족 네 명이 함께 여행하게 되었습니다.

첫날 밤 예약한 호텔은 최악의 호텔이었습니다. 저렴한 데는 그만한 이유가 있었습니다. 청소도 안 돼 있어 정말 호텔이라 할 수 없는 곳이었죠. 가족들에게 핀잔을 듣기도 했습니다. 이제는 약속한 차량과 가이드를 만나기 위해 기다릴 시간이었습니다. 몽골 사람들이 시간을 잘 지키지 않는다는 이야기를 들어 어느 정도 예상은 했지만 역시 제시간에 오지 않더군요! 어렵게 만나 마트에서 물과 필요한 것들을 사고 흡수골로 출발했습니다. 저는 당연히 포장된 도로로 가는 줄 알고 있었습니다. 그러나 흡수골로 가는 약 3일 동안 포장도로보다 비포장도로를 더 많이 지났습니다. 비포장도로도 우리가 생각하는 비포장도로가 아니었습니다. 차가 가는 곳이 곧 도로일 정도였습니다. 비가 많이 와서 길이 없어진 곳도 있었습니다. 여행 후 우연히 기사를 읽었는데 이곳은 종종 불상사가 발생하는 곳이라고 합니다. 돌이켜 보니 충분히 그럴 가능성이 있었다고 생각됩니다. 앞으로 이런 여행은 다시는 하지 않겠다고 다짐했습니다.

대부분의 여행 기간에 온 가족이 게르에서 잠을 잤습니다. 게르가 추워서 새벽에 주인이 장작을 피워 주었던 적도 있고, 밤에 자는데 소들이 게르 천막을 들이받은 적도 있습니다. 처음 겪는 일들이 정말 많았습니다. 가장 힘들었던 것은 화장실이었습니다. 우리나라의 60~70년대 시골 화장실보다 열악한 경우가 많았습니다. 아이들은 이런 환경을 겪으면서 현재 사는 곳에 감사하는 마음을 자연스럽게 가지게 되었습니다. 의도한 바는 아니었지만, 아이들이 살고 있는 환경에 감사하는 마음을 가지게 된 것은 큰 수확이었습니다.

여행 중 아이들과 자연스럽게 몽골이라는 국가에 대해 이야기했습니다. 몽골도 이제 발전을 시작한 단계이기에 이곳에서 다양한 사업의 기회가 있지 않을까 하는 이야기도 나누었습니다. 작은 시골 마을의 마트에서도 우리나라의 유명한 라면, 과자 등이 있는 것을 보며 깜짝 놀랐고 그 가격을 보고 한 번 더 놀랐습니다. 그러면서 무역이나 건설, 몽골과의 인력 교류 등에 대하여 이야기를 나누었습니다. 개발도상국과의 비즈니스를 막연히 생각하지 않고 실제 모습을 보고 생각했기에 미래 직업에도 영향을 주지 않을까 싶습니다. "세상은 아는 만큼 보인다."라고 하니까요.

우리 자녀들에게 실제 경험을 통해 전달하는 것도 의미 있는 일이라고 생각합니다. 당장에 효과는 없더라도 장기적으로는 분명 영향을 주지 않을까 합니다.

힘든 여정을 거쳐 흡수골에 도착하니 참으로 맑은, 바다처럼 보이는 호수가 눈앞에 보였습니다. 다시 한번 꼭 와 보고 싶다는 생각이 들 정도로 맑은 물이었습니다. 가장 힘든 여행이었지만 악조건에서의 여행이다 보니 우리 가족이 함께하는 시간, 서로에게 의지하는 시간이 많았습니다.

자연스러운 글로벌 소통

이번 몽골 여행에서는 좋은 경험이 또 하나 있었습니다. 외국인과의 자연스러운 소통입니다. 일반적으로 패키지여행이나 자유여행에서 외국인과 자유롭게 대화할 기회는 많지 않습니다. 그러나 몽골 여행에서는 기회가 많았습니다. 흡수골로 가는 첫날에 가정집 같은 게르에 묵게 되었습니다. 식사 시간, 옆 테이블에 유럽에서 온 부부가 있었는데 먼저 자연스럽게 말을 걸어오더군요. 영어가 어느 정도 가능한 아이들이 자연스럽게 이야기하는 것을 보고 깜짝 놀랐습니다. 식사 후에 아이들이 없어져 찾아보니 이번에는 몽골 아이들과 농구를 하고 있더군요. 언어가 통했는지 모르지만 어쨌든 저에게는 신기한 일들이었습니다. 모르는 사람들, 그것도 외국인과 자연스럽게 소통하는 것이 쉬운 일이 아니기에 아이들 미래에 좋은 경험이 될 것이라 생각했습니다.

그 이후로도 여행 중간에 다양한 외국인들을 만나고 많은 이야기를 했습니다. 마지막 숙박지였던 테르지 게르에서는 저녁 식사 후 홍콩, 싱가포르, 말레이시아, 일본, 한국의 게임 개발자들과 함께하는 시간이 있었습니다. 연인, 친구뿐 아니라 혼자 오신 분도 있었습니다. 가족으로 온 팀은 우리밖에 없었습니다. 어디서 왔고 누구랑 왔으며 어떤 것들을 보았는지가 이야기 주제였습니다. 모두가 흡수골까지 다녀온 것, 가족이 함께 여행 온 것에 엄지를 치켜들었습니다. 힘든 일정에도 가족과 함께한 몽골 여행에 보람을 느끼는 시간이었습니다. 여행할 때 특별한 목적을 가지고 여행하지는 않습니다. 단지 새로운 세상을 본다는 즐거움으로 여행합니다. 그러다 보면 항상 부수적으로 많은 것들을 생각하고 또 많은 것들을 얻을 기회가 생기기에 더욱 즐거워집니다. 2024년, 자녀와 여행 계획을 한번 세워 보십시오. 자녀와 단둘이 여행을 해 보시면 자녀와 더 가까워질 것입니다.

몽골 여행 사진(흡수골)

Chapter 4

아빠랑 둘이 왔어요?

진심을 이야기한 시간

　육군사관학교에 입학한 큰아들이 휴학한 기간에 둘이 함께하는 여행을 계획했습니다. 사관생도에게는 품위 유지를 위한 많은 제약이 있습니다. 해외여행도 다른 생도들이 여행할 수 있는 방학 기간에만 가능하다고 합니다. 여행 장소도 외교부가 공지하는 여행 가능 지역만 갈 수 있습니다. 그래서 어쩔 수 없이 겨울방학 기간인 1월 초에 베트남 여행을 계획했습니다.

　그리고 그동안 제가 하던 여행 계획을 아들에게 일임하여 숙소를 정하고 일정을 만들어 보라고 하였습니다. 아들이 처음에는 알겠다고, 자기가 멋있게 계획해 보겠다고 하더니 나중에는 힘들다고 도와 달라고 하더군요. 어쨌든 아들이 전체적인 일정을 잡았습니다.

4박 5일의 하노이 여행은 이렇게 시작되었습니다. 휴학 중 큰 변화가 있어 실제 여행은 군인이 아닌 일반인 신분으로 갔습니다.

하노이 여행 책자와 인터넷 검색을 통해 맛집 위주로 여행했습니다. 하롱베이에서는 럭셔리한 크루즈도 타고, '짝퉁 시장'도 가 보고, 젊은이로 넘쳐 나는 밤거리도 구경하고, 사기 택시를 타서 중간에 내리기도 하는 등 많은 에피소드가 생겼습니다.

큰아들과의 베트남 여행(하롱베이)

가장 기억에 남는 두 가지 일이 있었습니다. 첫 번째는 대구에서 오신 한 어머님과의 일화입니다. 하롱베이 크루즈에서 화장실에 잠깐 다녀온 사이 그분이 아들에게 무엇인가를 물어보고 계셨습니다. 요지는 아빠랑 둘이 왔느냐는 것이었습니다. 그러면서 어떻게 아빠랑 둘이 올 생각을 했는지를 물으셨고, 어머님의 남편도 아들과 이렇게 둘이 여행하면 좋겠다며 매우 부럽다고 말씀하셨습니다.

저에게는 자연스러운 일이었지만 평소에 연습이 되어 있지 않으면 생각보다 어려울 수도 있겠다는 생각을 했습니다. '언젠가는 되겠지.' 하고 생각하시는 아빠들도 계시겠지만 그렇게 한순간에 되지 않는 일도 많습니다. 조금씩 조금씩 아이들과 함께하는 연습이 필요할 것 같습니다.

그리고 두 번째는 마지막 날 저녁에 루프탑 바가 유명하다는 호텔에 가서 칵테일과 맥주를 마신 일입니다. 선선한 저녁 바람이 불어오고, 경쾌한 음악이 들리고, 호안끼엠 호수를 바라볼 수 있는 분위기 최상의 장소였습니다. 이곳에서 술을 먹은 것을 이야기하고자 하는 것은 아닙니다. 맥주를 마시며, 평소엔 누구보다 착한 아들이지만 아들의 생각과 표현에 자기 주도성이 너무 강해 상대의 이야기를 잘 듣지 않는 부분이 있다고 이야기해 주었습니다. 평소 말하기 쉽지 않은 주제여서 여러 번을 고민하고 어렵게 운을 뗀 이야기였습니다. 아들은 바로 자기도 알고 있다고 답했습니다. 이어서 어떻게 해야 하는지 많은 생각과 고민을 하고 있다고 말했고, 아빠가 먼저 이런 이야기를 해 줘서 고맙다고 이야기했습니다.

비즈니스를 위한 대화는 목적이 있고 어떻게 하는 것이 나에게 유리한지 판단하기에 오히려 단순하지만, 자녀와의 대화는 왠지 어렵다고 생각하고 있었습니다. 하지만 이렇게 서로의 마음을 터놓고 이야기할 수 있어 정말 기분 좋은 하루였습니다. 그 이후에도 이런 자리를 종종 가지려고 노력하고 있는데 서로의 시간이 잘 맞지 않아 몇 번 성사되지는 않았습니다. 앞으로 큰아들, 둘째 아들과 함께하는 자리를 많이 만들어 보도록 노력하려고 합니다.

아빠들에게 자녀와의 대화가 얼마나 필요한지 예능 프로그램에서 본 내용을 소개하고자 합니다.

〈미운 우리 새끼〉에 출연하는 예능인 김종국 님이 아빠와의 캐나다 여행에서 겪었던 에피소드입니다. 40대의 김종국 님이 진지하게 이야기합니다. "아빠는 내 노래 중 아는 것 있어? 내 콘서트에 한 번도 와 본 적 없지?" 그러자 아빠는 20여 년 전 아들의 콘서트에 갔다고 이야기하며 아들이 노래하는 모습이 너무 안쓰러워 그이후 콘서트에 갈 수 없었다고 말했습니다. 그러고는 아들의 히트곡을 줄줄이 말하고 노래에 대한 느낌까지 말해 줬습니다.

그러자 김종국 님은 아빠가 가수가 되는 것을 반대하셨기 때문에 당연히 자신의 콘서트에도 오지 않으셨을 거고 노래도 모를 거라고 생각했다며, "아빠, 왜 말씀하지 않으셨어요?"라고 되묻습니다. 아마도 아빠와 함께 터놓고 이야기할 기회가 부족했기 때문일 것입니다. 우리 아이들은 아빠가 생각하는 것처럼 한없는 철부지가 아닙니다. 마찬가지로 아빠들도 아이들 생각처럼 자녀에게 무심하지 않습니다. 이를 알려 주기 위해서라도 하루빨리 서로 이야기하는 시간을 가져 보시기 바랍니다.

준비된 가이드, 아들과 함께

　큰아들이 고등학교에 올라가면서 가족여행의 시간도 멈춰 버렸습니다. 모든 것이 대학입시에 맞춰져 있다 보니 어쩔 수 없는 상황이었습니다. 이러다가 둘째 아들이 고등학교에 다니는 기간까지 더한 6년 동안, 아니 그 이상 여행이 어렵지 않을까 하는 생각이 들었습니다. 이에 둘째 아들이 중학생 때 둘이 함께 상하이 여행을 가기로 하였습니다. 중국에서의 비즈니스에 관심을 가졌던 아들에게 발전한 상하이의 모습을 보여 주고 싶었습니다. 직장 생활을 할 때 업무차 몇 번 갔던 곳이고, 친구가 상하이에 있어 편한 마음으로 여행을 시작하였습니다.

　출장 때는 택시만 타고 다녔지만, 이번에는 버스와 지하철도 타 보고 친구의 자가용도 타 보았습니다. 그리고 상하이 임시정부 청사, 상하이 국제금융센터, 동방명주, 주가각 등 아들이 원하는 곳 위주로 여행지를 선택하였습니다. 그런데 아들이 여행지를 선택하며 나름대로 공부한 것 같았습니다. 관광지별로 자기가 가이드가 되어 이런저런 이야기를 해 주었기 때문입니다. 이전의 자유여행보다 더 알찬 여행이었습니다. 아빠 주도의 여행이 아닌, 아들 스스로 일정을 짜고 준비하는 모습을 보며 흐뭇하고 대견스러웠습니다.

둘째 아들과 상하이 여행(국제금융센터)

　회사에서 일할 때를 생각해 보면, 본인이 모든 일을 하나하나 다 챙기고 지시하는 상사가 계십니다. 이런 상사 아래서 일하는 부하 직원들은 금세 수동적으로 바뀝니다. 좋은 아이디어를 가지고 좋은 제안을 하여도 결국은 상사가 원하는 대로 되는 경우가 많기 때문입니다. 그러나 상사가 나를 믿고 일을 맡기면 나름대로 열심히 준비해서 좋은 결과를 내기 위해 노력합니다.

　자녀도 마찬가지입니다. 자녀들을 믿고 함께한다면 자녀들도 자연스럽게 본인의 역할에 최선을 다하려고 할 것이며 그에 대한 책임도 질 줄 아는 아이로 성장할 것입니다. 큰아들과의 베트남 여행, 둘째 아들과의 상하이 여행에서 아이들이 주도적으로 여행 계획을 세우게 하고 가이드를 하도록 함으로써 아이들의 자신감과 자기 주도적 능력이 성장했다고 봅니다. 여행을 통해 아이들이 주도적 삶의 경험을 느끼도록 해 보십시오. 여러분의 자녀들도 자기 주도적으로 분명 변화가 있을 것입니다.

Chapter 5

직업 여행을 떠나 보자

넓은 세상에서 미래의 직업을 찾아보자

고(故) 김우중 대우그룹 회장의 저서 《세계는 넓고 할 일은 많다》라는 책이 있습니다. 세계로 나가면 그만큼 많은 기회가 있다는 의미입니다. 현재 대한민국에서 양질의 일자리를 구하기는 쉽지 않습니다. 비단 우리나라뿐 아니라 세계 어디를 가든 마찬가지일 것입니다. 그러나 세계로 나가 우리나라와 관련한 일을 찾는다면 기회가 많이 있을 것이라 생각됩니다. 그리고 세계 곳곳의 새로운 직업을 우리나라에 접목할 수도 있다고 봅니다.

여행의 뜻을 네이버에서 찾아보았습니다. "일이나 유람을 목적으로 다른 고장이나 외국에 가는 일"이라고 정의되어 있습니다. 그러나 통상 우리가 여행 하면 떠올리는 것은 유람으로서의 여행입니다. 다른 고장이나 외국에 가서 새롭고 멋있는 것을 보고, 맛있는 음식을 먹는 여행 말입니다. 하지만 관심을 잠깐 다른 곳으로 돌리면 더 많은 것을 볼 수 있습니다. 이제 아이들과 아빠들이 함께하는 직업 여행을 떠나 보십시오. 다른 나라 사람들이 하는 일을 보고 본인에게 적합한 새로운 직업을 찾아보는 것도 재미있는 여행이 될 것 같습니다.

민족사관고등학교 설립자인 최명재 이사장님은 중동에서 운수업으로 크게 성공했고, TV 프로그램 〈한끼줍쇼〉에 출연했던 어느 분도 중동에서 중장비로 크게 성공했다고 들었습니다. 해외에서 새로운 일을 찾은 것입니다. 몽골 여행에서도 개발도상국으로 발전하는 몽골과 우리나라의 무역에서 분명 할 수 있는 일이 많을 것으로 생각되었습니다.

중국 여행에서 본 특이한 직업이 있습니다. 높은 산에 올라갈 때 몸이 불편한 사람들을 이동시켜 주는 직업이 있더군요. 또 자전거 인력거로 관광지를 여행시켜 주는 직업도 있었습니다. 그런데 오래전 홍대에서도 자전거 인력거를 운전하는 직업이 생긴 것을 볼 수가 있었습니다. 저도 경험의 한계가 있어 다양하게 이야기를 전하지 못하지만, 분명 자녀들과의 여행에서 보는 다양한 직업이 우리나라에서도 실제 기회로 이어질 수 있을 것이라 봅니다. 즉 우리나라와 해외를 연결하면서 새로운 일을 찾을 수도 있고, 우리나라의 직업을 해외에 나가서 할 수도 있고, 해외에서 본 직업을 우리나라에 가지고 올 수도 있지 않을까 합니다.

미국의 직업 수는 우리나라보다 2배 이상 많다고 합니다. 선진국으로 갈수록 더 세분화된 다양한 직업이 있는 것 같습니다. 몇 년 전 TV 프로그램 〈신박한 정리〉에서 나오는 '정리수납전문가'라는 직업을 들어 보신 분 있으신가요? 아직은 보편화된 직업이 아니지만 어떤 분이 캐나다에서 우연히 알게 된 정리수납전문가라는 직업을 한국에 들여와서 2015년도에 한국직업사전에 새롭게 등록되도록 하여 새로운 직업의 반열에 올려놓으셨습니다. 미국, 영국, 캐나다 등에서는 정리수납전문가가 1980년대부터 하나의 직업으로 자리 잡았다고 합니다. 이렇듯 여행의 관점을 직업 여행으로 바꾸는 순간 우리에게 새로운 기회가 올 것을 믿어 의심치 않습니다.

더 넓은 진로·직업 여행을 시작하자

실제로 본 것이 더 큰 동기부여가 됩니다. 여행을 다른 고장이나 외국으로 한정하지 말고 여러 대학과 다양한 회사로 확대해 본다면 이것 역시 아주 훌륭한 진로·직업 여행이 될 것입니다.

우리 아빠들이 자녀들과 많이 하는 것이 있습니다. 명문 대학에 아이들과 함께 가서 사진도 찍고, 미래에 여기서 공부하면 좋겠다고 이야기해 주는 것입니다. 저도 그런 경험이 있습니다. 제가 아이들과 함께한 대학은 서울대학교, 연세대학교, 서강대학교, 미국의 스탠퍼드대학교, UCLA, UCI, 중국의 베이징대학교, 일본의 도쿄대학교, 게이오대학교 등입니다. 이 학교에 들어갔으면 하는 마음도 있었지만, 더 중요한 것은 아이들이 미래를 고민할 수 있도록 직접 보여 주는 것이었습니다. 이러한 아빠와의 여행은 아이들에게 또 다른 긍정적인 영향을 줄 것입니다.

직접 회사를 방문해 보는 것도 추천합니다. 실제 일하는 모습을 볼 수 있다면 이것 역시 우리 아이들에게 좋은 경험이자 동기 부여가 될 것 같습니다. 처음 취업 관련 일을 시작할 때 의욕적으로 기업 방문을 추진해 보았습니다. 게임회사에 관심 있는 청년들을 모집하여 '게임하이(현 넥슨지티)'를 방문해 인사 담당자와 개발자로부터 게임회사 취업에 대한 이야기를 들었습니다. 실제 일하는 현장을 함께 보기도 했는데 모두가 매우 만족한 일정이었습니다. 기업을 방문할 기회는 흔치 않지만 찾아보시면 다양한 길이 있습니다.

KBS는 방송 제작 현장을 직간접 체험할 수 있는 'KBS온(On)'을 운영하고 있습니다. 넷마블 문화재단에서는 게임산업에 관심 있는 청소년을 대상으로 특강 및 사옥 견학을, 게임 분야로 진로를 희망하는 중고등학생과 대학생을 대상으로는 직무 체험을 진행하고 있습니다. 서울시에서 운영하는 청소년 직업체험센터도 있습니다. 노원구에 있는 센터를 방문해 보았는데 VR, AR, 홀로그램, IoT,

드론, 로봇, 미디어 콘텐츠 크리에이터 등을 실제로 경험해 볼 수 있는 시설이 마련되어 있었습니다.

위에서 설명한 프로그램 중에는 학교와 단체로 진행하는 프로그램도 있고 개인별로 신청하여 체험하는 프로그램도 있습니다. 아빠들이 조금만 관심을 가지고 찾아본다면 다양한 경험이 가능하리라 생각됩니다. 더 나아가 정말 자녀가 관심 있는 분야라면 주변의 네트워크를 활용해 실제 그 직업에 종사하는 분을 만나도록 해주실 수도 있습니다. 회사 생활을 통해 배운 것이 하나 있습니다. "이 세상에 안 되는 일은 없다."입니다. 정말로 안 되는 일도 있지만 하고자 하는 의지가 있다면 많은 것들을 이룰 수 있다는 의미로 이해해 주십시오. 중요한 것은 자녀의 진로와 직업을 위해 아빠들이 함께하는 것입니다. 더 이상 지체할 시간이 없습니다. 당장 바로 시작하십시오. 자녀들에게 큰 동기부여의 시간이 될 것입니다.

PART 5

소중한 자녀의 미래 직업, 아빠와 함께 찾자

아빠는 자녀의 직업 선택을 위해 무엇을 해 보았습니까?
아빠와 진로·직업 찾기 Best 사례
아빠와 진로·직업 찾기 Worst 사례
아빠가 자녀의 진로를 결정하는 나침반이다
개그맨 김영철의 성공, 일단 시작해!

Chapter 1

아빠는 자녀의 직업 선택을 위해 무엇을 해 보았습니까?

아빠들은 더 변화해야 합니다

아빠들은 가족을 부양하기 위해 어제도 오늘도 매일매일 바쁘고 정신없이 하루를 보냅니다. 시간의 여유는 있을지 모르지만 마음의 여유는 없습니다. 주말에는 또 나름의 이유로 여유가 없습니다. 그러고는 가족을 위해 최선을 다했다는 이유로, 돈을 벌었다는 이유로 뿌듯해하는 경우가 많습니다. 저 역시 그랬던 시간이 있었습니다.

과연 우리는 누구를 위해 사는 것일까요? 가족, 그중에서도 특히 자녀를 향한 사랑과 애정이 모든 아빠가 가지고 있는 마음일 것입니다.

그러나 정작 자녀들이 고민할 때, 아빠와 같이 이야기하고 싶을 때 얼마나 함께해 주셨는지요? 개인별로 차이는 있겠지만 함께한 시간이 길지 않은 경우가 더 많을 것입니다.

물론 제 아버지 때를 생각하면 많이 발전한 것 같습니다. 자녀에게 더 많은 시간을 할애하고 여행도 많이 다닙니다. 제게 많은 영향을 주신, 자상하신 제 아버지도 저와 미래에 대해 대화를 나누는 시간은 많지 않았습니다. 아침 일찍 출근하시고 저녁 늦게 퇴근하신 적이 많았기 때문입니다. 그러나 직업에 대한 명확한 메시지를 지속적으로 자식들에게 전달해 주셨습니다. 그것이 오늘의 제 형제들을 있게 했음은 틀림없는 사실입니다.

2024년 현재, 대한민국 직업 수는 15,000개가 넘는다고 합니다. 우리가 아는 직업보다 모르는 직업이 훨씬 더 많다는 이야기입니다. 자녀들이 직업을 찾는 데 있어 우리 아빠들이 많은 도움을 주어야 하는 것은 자명한 사실입니다. 그러나 아빠들은 자녀들에게 과연 어떤 도움들을 주고 계신가요? 한번 곰곰이 생각해 보십시오.

인터넷이나 카페, 밴드 등을 보면 아빠들의 노력을 다양한 곳에서 확인할 수 있습니다. 제가 가입한 밴드에서는 아이들에게 학교 수업을 위한 교육이 아닌 세상의 변화를 볼 수 있는 교육, 4차 산업혁명과 관련한 교육, 중국과 미국에 연수를 다녀오는 프로그램 등을 진행하고 있습니다. 프로그램은 어학연수에 초점을 맞추지 않고 그 나라와 산업을 살펴볼 수 있는 일정으로 구성되어 있습니다.

분명 자녀들의 미래 직업을 찾는 데 도움이 될 것입니다.

또한 인터넷 기사를 보니 지방자치단체가 운영하는 '자녀의 진로를 함께하는 부모 모임'에 많은 분이 참여하고 계심을 알 수 있었습니다. 제가 초중고등학교를 다닐 때는 제 아버지 세대에게 자녀를 어떻게 양육해야 하고, 자녀와 어떻게 대화해야 하고, 어떻게 진로나 직업에 대해 자녀와 이야기해야 하는지 가르쳐 주는 교육이 없었습니다.

문제는 지금도 아빠들이 자녀와 소통하고 자녀의 진로와 직업을 함께 알아볼 수 있는 프로그램이 많지 않다는 것입니다. 그러니 지금의 아빠들도 그런 내용에 대해 잘 모르고 관심도 없는 것 같습니다. 그러나 세상은 끊임없이 변하고 있습니다. 자녀들과 아빠의 관계도 마찬가지입니다. 진로와 직업 문제를 자녀와 어떻게 소통할 것인지에 관한 교육이 아빠들에게 필요한 시기가 되었습니다.

많은 부모님이 대치동이나 목동에서 진행되는 대학입시 관련 세미나에 참석해 보셨을 것입니다. 저도 몇 번 참석해 봤지만 대학입시 관련 세미나에서 아빠들을 보기는 쉽지 않았습니다. 어떻게 보면 자녀의 대학입시나 진로에 대해 아빠들의 관심이 적다고 볼 수 있겠지요. 입시와 진로에 관련된 부분을 엄마의 영역으로 생각하고 포기한 아빠도 계실 것입니다.

이제는 아빠들이 변화하셔야 합니다. 아빠들이 먼저 나서서 자녀들의 입시와 진로에 관심을 가지신다면 우리 가정에도 큰 변화가 생길 수 있습니다. 특히 자녀의 진로와 직업에 대해서는 아빠들의 큰 관심이 필요합니다. 이러한 아빠의 변화는 분명 자녀와의 관계 및 소통에 큰 역할을 할 것입니다.

다시 자녀들의 슈퍼맨이 되어 주십시오

자녀들이 궁금한 것을 물어 올 때 "아빠 바빠.", "엄마한테 물어 봐."라고 답하신 적이 있으신지요? 아마 대부분 한 번쯤은 있으시 리라 생각됩니다. 제가 실제 했던 말들입니다. 어렵게 말을 걸어 왔는데 이런 대답을 듣는다면 자녀가 또다시 물어보고 싶은 생각 이 들겠습니까?

아빠와 자녀의 대화가 처음부터 단절된 것은 아닙니다. 어린 시 절, 아빠는 우리 자녀들의 슈퍼맨이었습니다. 자녀들이 원하는 것 은 무엇이든 다 해 주는 슈퍼맨 말입니다. 그러나 언젠가부터 아빠 한테 물어봐도 제대로 대답해 주지 않으니 자연스럽게 대화가 단 절된 것입니다.

저는 두 아들이 자신들의 미래를 고민할 때 있는 사실을 그대로 전달해 주려고 노력했습니다. 어떤 직업에 대해 궁금해하면 그 직 업에 대한 정보를 주고, 직장 생활을 물어보면 직장 생활을 이야 기해 주고, 궁금한 것을 이야기하면 알려 주고, 모르면 찾아서라 도 대답하려고 노력했습니다. 이러다 보니 아이들이 제게 물어보 는 것이 당연한 것이 되었습니다. 점점 대화 횟수도 많아졌습니다.

아마도 저의 일방적인 권유나 요청으로 대화하자고 했다면 지금처럼 소통하지 못했을 수도 있습니다.

제 모습이 정답이라고 할 수는 없습니다. 다만 지속적인 대화를 위해 서로 소통이 잘 되도록 노력하는 것은 중요하다고 생각합니다. 모른다고 끝내지 말고 같이 찾아보시면 됩니다. 바쁘면 다시 시간 약속을 하고, 그때 함께하자고 하면 됩니다. 당장 답변하지 않더라도 노력하는 모습을 보여야 진전이 있을 것입니다.

아들, 딸의 고민을 함께하는 것은 아빠에게 당연한 일입니다. 이를 위해서는 잘 들어 주고 사실을 전달하는 것이 기본이라고 생각합니다. 더불어 다양한 경험을 할 수 있게 해 준다면 더욱 좋은 방법이 될 것입니다.

우리 아빠들의 크나큰 과제는 자녀의 미래를 함께 고민하고, 각자의 상황에 맞는 노력을 기울이는 것입니다. 그 마음만 있다면 모든 것이 해결될 것이고 자녀들과의 관계도 개선될 것입니다. 오늘 당장 아빠의 화법을 바꾸십시오. 자녀의 모든 질문이나 요청을 일단 칭찬하고 긍정적으로 이야기하십시오. 무언가를 하겠다는 의지를 자녀에게 보여 주십시오. 그리고 자녀의 진로나 직업을 고민하는 커뮤니티나 교육 방법 등을 찾아보고 공부하는 아빠의 모습을 실천하십시오. 그러면 다시 자녀들의 슈퍼맨이 되실 수 있습니다.

Chapter 2

아빠와 진로·직업 찾기 Best 사례

자녀의 진로와 직업 찾기와 관련한 좋은 사례를 몇 가지 소개하고자 합니다.

첫 번째 Best 사례입니다.

모든 아빠가 경제적 여건까지 겸비한다면 좋겠지만, 현실적으로 경제적 여건이 어려운 경우도 많습니다. 하지만 이러한 환경에서도 자녀들이 안정적인 직업을 가지고 있는 사례입니다. 넉넉지 않은 환경에서 자녀를 키운 아빠에게 직접 들은 이야기입니다. 큰아들은 집안의 경제적 여건을 고려하여 여러 가지 직업 중 철도기관사가 되기로 마음먹고 철도 대학을 졸업하여 기관사가 됐습니다. 그러고는 야간대학까지 졸업했습니다. 현재는 철도청에 근무하며 남부럽지 않은 안정적인 생활을 하고 있습니다. 둘째 아들은 컴퓨터를 좋아하여 대학에서 컴퓨터를 전공하고 열심히 노력하여 N사에서 근무하고 있습니다. 연봉도 억대가 넘는 것 같습니다. 이들의 아빠는 엔지니어이십니다. 아마 아이들이 어려서부터 기술에 관심을 갖도록 하지 않으셨나 생각합니다.

그리고 아빠가 성실한 것처럼 자녀분들도 성실히 노력하여 오늘에 이르렀다고 생각합니다. 실제로 아이들은 아빠의 모습을 닮는다고 합니다. 항상 성실하고 노력하는 아빠의 모습을 보여 주십시오.

두 번째 사례입니다.

이번 사례는 제가 상담했던 고등학생입니다. 아빠가 같이 오시지는 않았지만, 가족 중 한 분이 상담을 신청해 주셨습니다. 제가 운영하는 스터디카페 오픈 이벤트로 취업과 진로상담 이벤트를 진행하였는데 그때 신청해 주신 분입니다.

이 학생은 충청도 한 고등학교의 3학년 학생이었습니다. 요즘 유명한 기업인이자 예능에 출연하는 백종원 대표가 이사장으로 있는 학교의 학생입니다. 이 학생의 진로상담 내용은 본인이 관심 있는 전공을 졸업하면 어떤 직업을 가질 수 있느냐는 것이었습니다. 워낙 뛰어난 학생이어서 의대로 지원할 생각도 있었습니다. 그 외에도 신소재공학이나 기초과학 분야를 졸업했을 때 진출할 수 있는 분야에 대한 이야기도 나누었습니다. 정말 기분 좋은 하루였습니다. 많은 학생을 상담하다 보면 하고 싶은 일과 현재 자신의 전공이 다른 경우가 많습니다. 이 학생처럼 적극적으로 본인이 하고 싶은 일에 관심 있는 친구들은 많지 않습니다. 많은 내담자가 "제가 어디를 가면 좋을까요?", "무엇을 좋아하는지 모르겠어요."를 물어보기 때문입니다.

상담 학생에게 제가 알고 있는 한도 내에서 직업의 세계를 설명해 주었습니다. 이 학생이 그 이후 어느 전공을 선택했는지는 모릅니다. 하지만 대학 전공 선택에 있어 직업을 고려했다는 것은 분명한 목표 의식이 있다는 의미이기에 성공할 것으로 믿습니다. 이 글을 읽는 분 중 '이거 당연한 거 아니야?'라고 생각하시는 분들도 많으시겠지만, 취준생을 만나 상담하면 그렇지 않은 학생들이 더 많다는 것을 알게 되실 것입니다. 제가 이 책을 쓴 계기도, 청소년들의 직업 교육에 관심을 가진 것도 이런 이유였습니다.

상담받은 학생으로부터 받은 문자

2018년 2월 17일 토요일

안녕하세요. 지난 2월 12일 상담받은 최OO 학생입니다. 부족했던 저의 질문들에 대해 진심을 담아 조언해 주신 점 감사드립니다. 감사 인사를 일찍 보냈어야 하는데 그러지 못한 점이 마음에 걸리네요. 새해 복 많이 받으시고 이루시는 모든 바 성행하시길 기원합니다.

MMS
오후 12:24

세 번째 사례입니다.

이번에는 한마디로 '아빠 도움'입니다. 상황에 따라 다르게 이해할 수도 있지만, 아빠의 친구나 지인을 총동원하는 것입니다. 절대 나쁜 의미가 아닙니다. 정당한 방법으로 정당하게 진행하면 된다고 생각합니다. 아이가 어떤 직업에 관심이 있다고 합니다. 그러나 직접 공부해서 알려 주기에는 한계가 있고 정확한 전달 또한 쉽지 않습니다. 제 아들이 군인이 되겠다고 했을 때 직접 직업군인을 만나게 해 준 것을 생각해 보시면 됩니다.

그리고 대학을 졸업하고 취업하고자 하는 목표가 정해졌을 때 또 한 번 아빠 도움이 필요할 수도 있습니다. 관련 분야에서 일하는 분들을 소개해 주는 것 말입니다. 금융 관련 회사를 운영하는 친구에게 어느 날 아는 분이 부탁하였다고 합니다. "우리 아들이 금융권으로 취업하려고 하는데 면접에서 매번 떨어진다. 경험이 없어서 그런 것 같다."라며 업무 전반에 대한 이야기 좀 해 주면 좋겠다고 말입니다. 그 후 얼마 지나지 않아 친구에게 부탁한 분의 아들은 자기가 원하는 금융권에 취업할 수 있었다고 합니다.

최근에 만난 또 다른 친구도 비슷한 상황에 있었습니다. 저는 그 친구에게 "아빠가 좀 도와주면 좋겠다."라고 했습니다. 그러자 친구는 이렇게 말했습니다. "취업은 본인이 하는 거지 내가 뭘 도와줘."라고 말입니다. 기회의 공정성을 이야기하는 분들도 있겠지만 아빠의 입장에서는 자녀를 위해 해야 할 역할이라고 생각합니다. 이제 아빠가 먼저 나서서 자녀의 서포터가 되어 주십시오.

네 번째 사례입니다.

게임회사 인사부장으로 근무할 때입니다. 벌써 19년 전의 일입니다. 직원들 교육훈련을 진행하며 알게 된 한국리더십센터의 코치로부터 전화가 왔습니다. 중학교 2학년 학생을 자녀로 둔 부모님이 자녀 코칭을 요청해 왔다고 합니다. 이 학생은 게임 중독자라 할 수 있을 정도로 게임에 빠진 학생이었습니다. 게임 좀 그만하라고 하면 "나는 게임 개발자가 될 것이니 상관하지 말라."라고 부모님께 이야기하는 학생이어서 부모님이 코칭을 요청했다고 합니다. 그래서 게임회사에 근무하는 저에게 상담 좀 부탁한다고 연락이 온 것이었습니다. 만나서 이야기해 보니 아직 직업 세계를 잘 모르는 어린 학생으로 단지 게임이 좋아 게임 관련 직업을 가지겠다는 아주 순수한 생각을 하는 학생이었습니다.

저는 게임회사에서 일하기 위해서는 관련 전공도 공부해야 하고, 다른 사람보다 앞서 나가기 위해서는 어학도 중요하다고 이야기해 주었습니다. 그리고 게임 개발자를 직접 만나게 해 줘서 개발자가 되는 데 필요한 정보도 들려주었습니다. 한 6개월 후, 코치에게 다시 연락이 왔습니다. 그 중학생에게 변화가 생겼다고 합니다. 게임은 계속하지만 공부도 하기 시작했다는 것입니다. 우리는 살아가면서 '아는 만큼 보인다'는 것을 실감하는 경험을 많이 합니다. 이 중학생도 본인이 원하는 게임 개발자가 되기 위해 어떻게 해야 하는지를 알고 나서 변화한 것으로 보입니다.

미래의 진로와 직업을 찾는 여러분의 자녀들도 동일하다고 보시면 됩니다. 따라서 아빠들이 자녀가 관심을 가진 방향을 함께 보며 정확한 정보를 주고, 아빠들이 할 수 있는 다양한 역할을 해 주시는 것이 필요합니다. 생각만 하지 마시고 바로 실천하십시오.

Chapter 3

아빠와 진로·직업 찾기 Worst 사례

아빠들은 모두 이 세상에서 내 아이들이 누구보다도 사랑스럽고 귀중하다고 생각합니다. 그리고 아이들이 좀 더 좋은 환경에서 좀 더 좋은 대우를 받는 직업을 구하는 것을 희망할 것입니다. 저 역시도 모든 아빠와 같은 마음입니다. 그러다 보면 아이들을 객관적으로 보지 못하고 아빠들의 희망을 아이들에게 투영하기도 합니다. 이러면서 부작용이 발생하기도 합니다.

첫 번째 Worst 사례입니다.
제가 취업 상담을 했던 학생은 아빠가 마케팅 관련 일을 하고 계십니다. 그 분야의 전문가이십니다. 그러다 보니 본인의 아이가 마케팅 관련 일을 하기를 원했던 것 같습니다. 당연히 자녀와의 대화도 그런 내용이 많았겠지요? 처음 상담하는 날 학생에게 어떤 직업을 가지고 싶냐고 물어보니 마케팅, 영업 관련 일을 하고 싶다고 합니다. 그래서 왜 그런 생각을 했는지 마케팅, 영업이 본인에게 잘 맞는 일이라고 생각하는지 물어보았습니다. 학생은 먼저 부모님이 본인에게 잘 맞는 직업일 것이라고 말씀하셨고, 본인 또한 사교적이어서 다른 사람들과 잘 어울리기 때문에 잘 맞는 직업으로 생각했다고 합니다.

물론 이 말이 맞을 수도 있습니다. 하지만 취업 상담의 기본인 개인의 직업선호도 검사와 직업가치관 검사를 진행해 보니 사무·관리직에 더 적합하다는 결과가 나왔습니다. 이 결과를 가지고 다시 상담해 보았습니다. 그랬더니 이번에는 자신은 맡겨진 업무를 수행하는 사무·관리직이 더 맞을 것 같다고 이야기합니다. 이 직업심리검사가 100% 신뢰성을 가지는 것은 아니지만, 객관적인 데이터로 의미가 있는 것은 맞습니다. 이렇듯 아이들을 정확히 분석하지 않은 채 아빠의 의견을 아이들에게 이야기하면 아이들이 본인과 잘 맞지 않는 직업을 선택할 수 있습니다. 대부분의 아빠가 경험해 보지 못했을 직업 관련 심리검사도 공부해 보시면 어떨까요?

두 번째 사례입니다.
지인의 소개로 취업 준비생을 상담해 준 적이 있습니다. 서울 소재 대학에서 기초과학을 전공한 학생이었습니다. 어떤 부분을 상담받기를 원하느냐고 물어보니 오히려 "무엇을 하면 좋을까요?"라고 제게 되물었습니다. 당황스러웠습니다. 직업에 대한 고민을 거의 하지 않은 모습이었습니다. 간단한 이력서 정보만으로 누군가에게 어떤 직업이 좋은지 말해 줄 수 있는 사람은 아무도 없습니다.

일반적으로 직업을 생각하지 않고 대학에 진학한 경우에도 2~3학년이 되면 미래의 직업을 진지하게 고민하면서 전공을 바꾸거나 복수 전공을 하는 경우가 많습니다. 직업훈련을 비롯한 다양한 준비를 하는 분도 많습니다. 그런데 이 취준생은 그런 과정이 부족했던 것 같습니다. 아마도 그 학생의 고민에 아빠의 역할이 빠져 있었던 것이 아닌가 생각합니다. 요즘 학교에서 어떤 것을 배우는지(아이들이 이야기해도 아빠들이 이해하지 못하는 경우가 더 많긴 하지만), 요즘 어떤 생각을 하는지 정도의 대화만 있어도 미래 직업에 대한 대화가 이루어지리라 생각됩니다. 만약 자연스럽게 이야기가 나오지 않으면 요즘 선배들은 어디로 취업을 하는지 등을 물어보십시오. 자연스럽게 자녀의 미래 직업에 대한 이야기를 이어 갈 수 있을 것입니다.

이 학생의 경우 집안이 매우 부유한 느낌이었습니다. 그래서 굳이 직업이 필요하지 않아서 그런가 하는 생각도 들었습니다. 하지만 일하면서 맺는 인간관계도 중요하다고 생각됩니다. 혹시 비슷한 상황의 아빠가 계시면 자녀의 직업에 대한 대화의 시간을 가지시기 바랍니다.

세 번째 사례입니다.

어느 중소기업의 부장님으로부터 들은 이야기입니다. 인천 남동공

단의 중소기업에서 있었던 일입니다. 어느 날 이 회사에 대학교를 졸업한 직원이 입사하였습니다. 사장님은 오랜만에 대학을 졸업한 신입사원이 입사하여 한껏 들뜬 마음이었습니다. 잘 교육해 회사의 인재로 키울 생각도 가지고 계셨습니다. 그런데 이 직원은 한 달이 조금 넘어 퇴사했습니다. 열악한 환경에 일도 힘들다 보니 집에 돌아가 아빠에게 힘들다고 이야기한 것 같습니다. 아빠는 그런 안 좋은 환경에도 불구하고 굳이 다닐 이유가 있느냐고 말씀하시며 회사를 그만둘 것을 권유하셨다고 합니다. 이 직원은 아빠의 말을 따라 회사를 그만두었습니다. 그리고 3개월쯤 후에 그 회사의 직원이 그만둔 신입사원을 만났는데 만난 장소가 다름 아닌 핸드폰 매장이었다고 합니다. 그만둔 직원이 핸드폰 매장의 직원으로 재취업한 것입니다.

요즘 젊은 취준생들을 만나 보면 3D 직업을 기피하는 경우가 많습니다. 그러나 오랫동안 기술을 닦아 어느 위치에 도달하면 남부럽지 않은 대우를 받는 경우가 많습니다. 너무 성급하게 판단하여 회사를 그만둔 것이 아닌지 안타까웠습니다. 거기에 결정적인 역할을 하신 것이 아빠였기에 더 안타깝습니다. 아빠의 입장에서 자녀들이 좀 더 좋은 환경에서 일하기를 원하는 것은 당연합니다. 그러나 기술이 있다면, 장기적으로 봤을 때 안정성 측면에서 좋은 직업이 될 수도 있다고 봅니다. 자녀들이 진로와 직업으로 고민할 때 좀 더 객관적이고 올바른 판단을 할 수 있도록 아빠들이 중심을 잡아 주는 역할을 해 주셔야 할 부분인 것 같습니다.

Chapter 4

아빠가 자녀의 진로를 결정하는 나침반이다

자녀의 진로와 직업 안내는 학교에서 해 주지 않나요?

우리는 모르는 길을 갈 때 내비게이션을 이용합니다. 또 어디선가 방향을 찾을 때는 나침반을 사용합니다. 자녀들이 진로와 직업을 결정하는 것은 정해지지 않은 길을 가는 것과 같습니다. 어디로 가야 할지, 무엇이 나에게 적합한 직업인지 모르고 방황할 때가 많을 것입니다. 이때 이들을 안내할 내비게이션과 나침반은 누구일까요? "학교에서 해 주지 않나요?"라고 말씀하시는 분도 계실 것 같습니다. 그러나 이는 가장 가까이 있는 가족, 그중에서도 아빠의 몫입니다.

지금도 어디선가 일하고 있는 모든 분은 모두 본인이 현재 하는 일에 영향을 준 사람이 있을 것입니다. 어느 날 갑자기 이 일을 해야지, 라고 결정한 것이 아니라 누군가에게 지속적으로 영향을 받았다는 것입니다. 그중에서도 가상 큰 영향을 주는 사람은 가족, 그중에도 아빠, 엄마, 형제자매일 것입니다. 그다음은 학창 시절의 선생님, 그리고 주변의 지인이 될 수도 있습니다.

앞으로 진로와 직업을 정해야 하는 자녀들도 누군가에게 지속적으로 영향을 받으며 성장하리라 생각됩니다. 그리고 가장 큰 영향을 주는 분은 다름 아닌 부모님이라는 것을 잊지 마시기 바랍니다.

제 직업과 진로에 가장 큰 영향을 주신 분은 아버지, 어머니라고 말씀드렸습니다. 그리고 제 형제들도 많은 영향을 주었습니다. 만약 부모님이 제게 엔지니어가 되라고 조언하시고 계속 관련 정보를 주셨다면 아마도 저는 지금 어느 기업에서 엔지니어로 일하고 있을지도 모릅니다.

세월이 흘러 이제 저에게는 대학을 졸업하고 직업을 가진 조카도 있고 앞으로 직업을 선택해야 할 조카도 있습니다. 이공계를 선호했던 큰누님네 조카는 IT 분야에서 일하고 있으며, 의사인 둘째 누님네 조카는 의대를 졸업하여 현재 의사의 길을 가고 있습니다. 사학과를 전공한 셋째 누님은 명문대를 졸업했음에도 취업이 어려웠던 시절을 생각하며 자녀에게 무조건 공대에 입학해서 엔지니어가 되면 좋겠다고 하셨습니다. 이에 조카는 기계공학과로 진학하여 현재 S사에서 엔지니어로 일하고 있습니다. 보시는 바와 같이 조카들은 가족의 영향을 많이 받았습니다. 부모와 생각이 달랐다면 다른 직업을 가질 수도 있었을 텐데 아직 그런 조카들은 없습니다. 그러나 앞으로는 부모가 원하지 않은 직업을 갖는 조카가 생길 수도 있다고 생각합니다. 조카 중 한 명은 전기전자공학을 전공하고 있지만, 영화에 관심이 많아 앞으로 영화 관련 직업을 가질 수도 있을 것 같습니다.

이제 제 아이들 이야기를 해 보려고 합니다. 이미 말씀드린 것과 같이 큰아들은 중고등학교 시절부터 군인 → 선생님 → 교육 분야 전문가 → 금융 관련 직업 → 법조인 순으로 본인의 꿈이 계속 바뀌고 있습니다. 그동안 아들과 함께 직업과 전공에 대해 많은 이야기를 나눴지만, 아직 정확한 목표를 정하지 못한 것 같습니다. 내심 아쉬운 점은 있지만 머지않아 구체적인 목표를 정하기를 기대해 봅니다. 둘째 아들은 하고 싶은 일들이 너무 다양해 제가 일일이 이야기해 주기도 어려웠습니다. 본인의 희망은 수의사 → 스타트업 대표 → 변리사 → 의사 → 공학자 → 벤처캐피탈리스트로 현재 진행 중입니다. 앞으로 둘째 아들이 하고 싶은 일과 전공이 어떻게 변경될지 모르지만 분명 제가 전해 준 직업에 대한 이야기들이 영향을 줄 것입니다.

자녀에게 좋은 영향력을 주는 아빠

이 책을 읽고 계신 아빠들이 진로를 정하고 직업을 결정할 때 누군가가 영향을 주었듯이 여러분도 자녀의 진로와 직업에 영향을 주고 있을 것입니다. 그럼 이제 우리 아빠들은 어떤 역할을 하여야 할까요? 많은 직업 중에서 우리 아이들에게 잘 맞는 직업을 찾아봐야 합니다. 어려운 일은 아닙니다. 먼저 아이들이 매일 보고 듣는 아빠, 엄마의 직업을 이야기해 주세요. 어떻게 일하는지 그리고 이러한 일을 하기 위해서는 어떤 지식과 전공이 필요한지 이야기해 주시면 됩니다. 그러면 차츰차츰 직업 세계에 관심을 가질 것입니다.

처음에 제 아이들은 아빠가 회사에서 직원을 채용하는 일을 한다는 정도로 알고 있었지만 커 가면서 좀 더 구체적으로 알게 되었습니다. 제가 하는 일을 조금은 신기해하기도 했지만 대체로 제가 하는 일에는 별로 관심을 갖지 않았습니다. 하지만 상표권 업무로 중국에 출장을 몇 번 다녀왔는데 그때는 관심을 갖고 질문도 많이 했습니다. 아빠의 직업을 통해 자신이 관심 있는 분야를 탐색하는 기회였던 것입니다. 아이들이 수시로 아빠 엄마의 직업 이야기를 통해 생각하는 기회를 얻는 것이 중요하다고 생각합니다.

직업에 대한 아빠의 생각도 자녀의 직업 선택에 영향을 준다고 생각합니다. 제 경험으로 아이들에게 해 준 말은 다음과 같습니다. "어떤 직업이든지 그 분야의 최고가 되도록 노력하는 것이 가장 중요하다.", "각자가 좋아하는 일을 했으면 좋겠다.", "2024년, 이 시대에는 많은 돈도 벌고 자기만족도 얻을 수 있는 직업이 많다." 저의 정보 제공이 직업을 선택하는 데 중요한 역할을 하리라 기대합니다.

  아빠의 이야기 하나, 행동 하나가 분명 자녀의 진로와 직업 선택의 나침반이 될 것이기에 더더욱 아빠의 역할이 중요하다고 말씀드립니다. 가능한 한 정확한 정보를 말하고, 정확하지 않은 부분은 아예 이야기하지 않는 편이 좋을 수도 있습니다. 또한, 모르면 모른다고 하고 함께 찾아보아야 합니다. 가족과 자녀 앞에서 모든 것을 알고 있는 아빠가 되고 싶은 자존심은 잠시 옆에 두고 자녀에게 좋은 영향력을 주는 아빠가 되어 주십시오.

Chapter 5

개그맨 김영철의 성공, 일단 시작해!

'일단 시작'이 중요한 것

최근 아빠들은 어떤 생각을 하셨나요? 각자의 위치에서 더 좋은, 더 안전한 직업을 생각하신 분들이 많았을 것입니다. 3~4년 전만 해도 매월 100시간 이상의 강의를 했습니다. 그러나 코로나19를 지나면서, 세계 곳곳의 전쟁으로 경기 상황이 안 좋아지면서 강의 시간이 줄어들고 있습니다. 그래서 강의 영역을 확장하려고 평소에 관심이 많고 하고 싶었던 부모님을 대상으로 하는 자녀 진로교육에 많은 노력을 하고 있습니다. 그러면서 한편으로는 아버지가 말씀하셨던 전문직이 생각났습니다. 또 한편으로는 다시 자녀들의 직업을 생각했습니다. 우리 아이들이 어려운 환경 속에서도 살아

남을 수 있는 직업은 무엇일까요?

 현재 힘들어하시는 아빠들도 많이 계실 것인데 한편으로는 자녀들이 이런 힘듦을 겪지 않았으면 하는 생각을 많이 하실 것입니다. 위기를 기회로 만들어 보십시오. 아빠들에게는 위기지만 이번 기회를 통해 자녀들이 어려운 상황에서도 좀 더 안정적인 직업을 가질 수 있도록 도와주는 아빠로 변화하는 것입니다. 자녀들의 직업 찾기에서 아빠들의 능력을 보여 주십시오. 자녀와 서로 이야기하고 목표를 만드는 것, 새로운 일을 시작하는 것은 쉬운 일이 아닙니다. 하지만 해야 하는 일이라면 어떠한 상황에서도 실천하는 것이 중요합니다. 여러분이 잘 아는 분의 실화를 소개하려고 합니다. 이분은 우리가 보는 이미지와는 달리 많은 노력과 땀으로 오늘 그 자리에 계신 것 같습니다. 개그맨 김영철 님입니다.

 저는 TV 속 개그맨 김영철 님을 웃기는 사람, 하춘화 님의 모창을 잘하는 사람으로만 알고 있었습니다. 그런데 이분은 영어 프로그램에도 출연하는, 영어를 엄청나게 잘하는 분이었습니다. 우연한 기회에 김영철 님의 출판기념 특강에 참여했던 이야기입니다.
 2013년 2월 27일 오후로 기억합니다. 홍대 가톨릭 청년회관에서 《일단, 시작해》 저자 특강에 둘째 아들과 참여했습니다. 무언가 새로운 도전을 시작해야 한다고 생각하던 차에 아들도 목표를 가질 기회가 될 것 같아 함께 참석했습니다. 저자 특강이 끝난 후 책에 사인을 받고 기념사진을 촬영했습니다. 사인은 받았지만 애석하게 핸드폰 배터리가 방전되어 기념 촬영을 하지는 못했습니다.

김영철 님의 사인(둘째 아들과 함께)

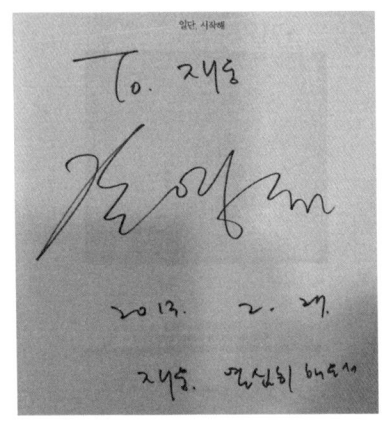

그냥 책 제목에 이끌려 저자 특강에 참여하였는데, 김영철 님의 스토리는 일단 시작하자는 작은 마음이 생기는 계기가 되었습니다. 둘째 아들에게도 무엇인가 메시지를 주었다고 생각합니다.

저는 김영철 님을 연예계에서 잘나가는 사람으로만 알고 있었습니다. 그러나 그는 1999년 KBS 14기 공채 개그맨이 되었지만 2009년까지 활동이 많지 않았다고 합니다. 그래서 고민도 많이 했다고 하더군요!

아마 연예인 중에서도 활동이 저조하면 다른 길을 가야 하지 않을까 고민하는 분이 많을 것입니다. 김영철 님은 여러분도 잘 아시는 서수민 PD로부터 2003년 캐나다 몬트리올 코미디 페스티벌 〈Just for Laughs〉에 나가 보지 않겠느냐는 권유를 받았습니다. 그리고 뛰는 가슴으로 무작정 코미디 페스티벌에 참여했고 빌 코스비, 짐 캐리 같은 코미디언이 되겠다고 생각했습니다. 10년간 한결같이 영어 공부를 하여 SBS 라디오 〈펀펀투데이〉 진행도 했고 대학에서 영어를 강의하기도 합니다.

그리고 김영철 님은 우리에게 이런 메시지도 주고 있습니다. 끝까지 다했다고 느꼈을 때 포기하라고 말입니다. "영어 공부를 하다가 지칠 때면 나는 영어 공부를 했다. 영어 문법 공부를 하다가 슬럼프가 오면 회화 공부를 했고, 회화가 지치면 영어 작문 수강신청을 했다." 이런 끊임없는 노력이 오늘의 김영철 님을 있게 하지 않았나 생각합니다.

많은 사람들은 새로운 것을 시작하는 데 많은 두려움을 가집니다. 그래서 새로운 것에 도전하는 일은 항상 어려운 것 같습니다.

개그맨 김영철 님이 무작정 떠난 캐나다 몬트리올 코미디 페스티벌이 오늘의 그에게 큰 영향을 주었고, 그 과정에서의 경험이 오늘의 그를 있게 하지 않았나 합니다.

아빠들도 자녀의 진로와 직업을 찾는 일을 일단 시작하십시오. 분명 좋은 결과가 기다리고 있을 것입니다.

오늘 바로 자녀와 미팅 일정을 잡아 보자

저는 여기서 김영철 님의 책 제목을 메시지로 드리고 싶습니다. 《일단, 시작해》. 세상에서 가장 힘든 것 중 하나가 인간관계입니다. 인간관계가 한 번 꼬이면 개선하지 못하고 피하는 경우가 많습니다. 인사 업무 경험으로 말씀드려 보겠습니다. 퇴사자 인터뷰를 해 보면 퇴사 이유 중 가장 큰 것은 연봉도 회사도 아닙니다. 사람 간의 관계, 갈등이 가장 큰 이유입니다.

저를 포함한 많은 아빠는 자녀들과의 갈등이 많습니다. 살아온 경험으로 말해 주는 좋은 이야기들이 아이들에게는 '꼰대'의 잔소리로 들리기 때문입니다. 그러나 여기서 멈춘다면 더 좋은 아이들의 미래에 다가가기 어려워집니다. 지금 아빠들 상황이 다 다르리라 생각됩니다만, 아이들의 미래를 위한다는 마음으로 우리 자녀들의 미래 직업 찾기를 일단 시작해 보시기 바랍니다. 오늘 당장 자녀들과 미팅 날짜를 잡으십시오. "아빠 왜 이래?"라는 반응을 보이는 자녀들도 있을 수 있습니다. 그래도 사정사정해서 날짜를 잡고 둘만의 시간을 만들어 보십시오.

아는 분의 에피소드입니다. 자녀와 둘만의 시간을 보내 본 경험이 별로 없는데 처음으로 자녀와 둘이서 함께 여행을 갔다고 합니다. 여행지에서 식사하던 중 아빠가 자녀에게 "아빠는 네가 이렇게 됐으면 좋겠다."라고 이야기하니 자녀는 "아빠 이런 말 하려고 여행 오자고 했구나."라고 답했다 합니다. 그리고는 트러블로 인해 여행이 중단되어 다시 집으로 돌아왔다는 이야기를 들은 적이 있습니다. 처음 하다 보면 시행착오도 분명히 있을 것입니다. 그러나 이러한 시작은 아이들을 변화시키고 또 아빠들도 변화시켜 분명 아빠와 자녀가 함께 원하는 결과를 가져올 것입니다. 내 자녀가 즐겁게 일할 수 있는 진로와 직업을 얻을 방법을 찾기 위해 오늘 "일단 시작해."를 해 보십시오.

PART 6

가 보지 않은 길을
가 보는 것도 좋다

자녀와의 대화, 어떻게 하면 잘할까?
왜 우리는 같은 길을 가야 하는가?
자녀에게 꼭 필요한 두 가지
직업 정보의 바다 NCS를 알아보자
직업심리검사

Chapter 1

자녀와의 대화, 어떻게 하면 잘할까?

"자녀와 대화가 안 돼요!", "아빠는 내 말을 이해하지 못해요!" 자녀와의 소통 문제의 원인을 들어 보면 아빠는 자녀가 문제라 말하고 자녀는 아빠(부모)가 문제라고 이야기들 합니다.

물론 자녀와 소통을 잘하는 아빠들도 계시겠지요. 하지만 자녀와 대화·소통을 잘하는 기술이 있다면 얼마나 좋을까 하는 생각을 가진 분들도 계실 것입니다.

이제 어떻게 하면 자녀와 잘 소통할 수 있는지 이야기해 보겠습니다.

경청과 질문

기업에서 인사 업무를 했기에 처음 취업교육과 상담에 입문했을 때 경험을 바탕으로 취업 상담을 잘할 수 있다고 생각했습니다. 그러나 처음 진행하는 취업 상담 프로젝트에서 그 꿈은 제 희망일 뿐이었음을 알았습니다. 그래서 교육대학원에서 상담교육을 배우기 시작했습니다. 이때 배운 상담 기법 중 가장 기본적인 것은 경청과 질문이었습니다. 자녀와의 소통에서 이 두 가지만 잘 활용하셔도 원활한 대화가 이루어지지 않을까 합니다.

먼저 경청입니다.
아빠들은 오랜 삶의 경험으로 자녀보다 많은 것을 알고 계십니다. 그러다 보니 자녀가 "아"라고 이야기하면 "아버지", "어"라고 이야기하면 "어머니"라는 것을 바로 알아듣습니다. 그래서인지 자녀의 이야기를 끝까지 듣지 않고 먼저 답을 말하려고 합니다. 저도 이 부분에서 자유롭지 못하기에 지금도 계속 노력 중입니다. 우리가 누군가에게 이야기하는 것은 꼭 그 해답을 달라는 것이 아닙니다. 그냥 이야기만 들어 주어도, 그 자체만으로 좋은 것입니다.
그런데 많은 아빠가 이야기를 끝까지 들어 주기보다는 중간에 답을 주려고 합니다. 자녀 입장에서는 소통이 안 된다, 대화가 안 된다고 생각할 수 있습니다. 저는 역지사지(易地思之)라는 단어를 좋아하고, 많이 사용합니다. 이 단어만 잘 생각하면 세상의 많은 문제가 해결된다고 생각합니다. 아빠들이 회사에서 이사님에게 보고하는데 이사님이 중간에 말을 끊고 자신의 이야기를 할 때의 느낌을 생각하면 바로 답을 찾을 수 있을 것입니다. 이때 아빠들은 어떤 생각을 하셨나요? "잘났어, 정말! 그렇게 잘 알면 자신이 할 것이지 왜 나한테 시켜?" 똑같지는 않더라도 유사한 생각들을 하셨을 것 같습니다. 아마 아이들도 아빠에게 비슷한 마음을 갖지 않을까 합니다.

  이번에는 질문입니다.
  우리는 살아가면서 많은 질문을 합니다. 누가 무엇인가 잘못했을 때 "왜 그랬어?"라는 표현을 종종 씁니다. 나름대로 열심히 준비한 입장에서는 기분이 좋을 리가 없습니다. 자녀가 시험을 못 봐서 낮은 점수의 성적표를 받아 왔을 때 "왜 이렇게 시험을 못 봤어?"라고 말하면 자녀의 답변이 어떻게 나올까요? 아마 대답을 하지 않고 방으로 들어가거나 "아빠는 알지도 못하면서!"라며 화를 낼지도 모릅니다.
  질문을 한번 바꾸어 보겠습니다. "이번에 시험공부하느라 고생이 많았는데 점수가 낮게 나와서 속상하겠구나. 어떤 문제점이 있었는지 아빠에게 한번 이야기해 볼래? 다음에는 좋은 점수를 받을 수 있을 거야. 아빠는 ○○를 믿어."라고 이야기한다면 어떨까요? 자녀들은 아빠가 자신을 정말로 아껴 준다는 마음을 가질 것이고, 잘못된 부분을 찾아 더 잘하려고 할 것입니다.

위의 두 가지 질문은 모두 왜 이번에 시험을 못 봤는지 알고 싶다는 것과 다음에는 잘 보자는 의미를 담고 있습니다. 하지만 자녀가 받아들이는 감정은 다를 것입니다. 두 번째 질문에는 내가 존중받는다는 느낌 그리고 더 잘해야겠다는 동기부여가 함께 있지 않을까 합니다.

이 글을 읽는 아빠 중에 제게 이런 질문을 던지고 싶은 분이 계실 겁니다. 그래서 너는 얼마나 잘해? 솔직히 저도 잘하지 못합니다. 단지 계속해서 잘하려고 마음을 다잡고 노력한다고 말씀드릴 수는 있습니다.

상담교육 전공수업에서 교수님이 하신 말씀이 생각납니다. "상담을 배워서 가족에게 적용하려고 하지 마십시오. 분명 싸움이 있을 것입니다." 그만큼 가족과의 소통이 어렵다고 볼 수도 있겠지요! 가족과의 대화는 '상대가 나를 좀 더 이해해 주겠지.' 하는 마음에서 시작하다 보니 쉽게 서운할 수 있고 쉽게 화를 낼 수도 있습니다. 이제 자녀와의 대화에서 '자녀가 아빠를 이해해 주겠지.' 하는 마음이 아닌 절대적으로 아빠의 입장에서만 대화하는 연습을 해 보십시오. 아빠들의 대화와 소통 스킬이 향상될 것입니다.

먼저 다가온 아들, 고맙다

"자녀를 이기는 부모는 없다." 자녀와 문제가 있는 경우 우리가 흔히 하는 말입니다. 저도 제 아버지, 어머니와 트러블이 있을 때가 있었습니다. 그때마다 아버지, 어머니가 제 뜻을 따라 주셨고 저에게 먼저 손을 내밀어 주셨습니다. 그러나 아빠가 되어 자녀와 트러블이 생겼을 때, 옛날 일은 잊어버리고 자녀들에게 제 주장을 강요하는 모습을 보게 됩니다. 참 이기적인 모습입니다. 그러나 중요한 것은 결국 모든 문제가 자녀들의 주장에 가깝게 끝나고 부모가 먼저 손을 내민다는 것입니다.

자녀들과 자존심 싸움을 하다가 두 아들 모두와 오랫동안 이야기하지 않은 적이 있다고 말씀드렸습니다. 이때 누가 먼저 손을 내밀었을까요? 대부분은 제가 먼저 손을 내밀었지만, 한번은 큰아들이 먼저 손을 내밀었습니다. 큰아들과 아침에 어디를 가기로 약속한 날이었습니다. 그러나 아들은 약속한 시간보다 늦은 시간에 깨웠는데도 더 자겠다고 했습니다. 그래서 저는 아들을 크게 야단치고 심지어는 욕까지 해 주었습니다. 욕을 한 것은 그 과정에서 보인 아들의 행동 때문이었습니다. 이것도 나중에 생각해 보니 서로 오해가 있었던 부분입니다.

어쨌든 이 일로 우리는 한동안 이야기도 안 하고 봐도 못 본 척하고 지냈습니다. 한마디로 서로가 투명 인간이 된 것이었습니다. 정말 불편한 시간이었습니다. 나이가 들어서 그런지 이번에는 먼저 쉽게 손을 내밀기가 싫었습니다. 꽤 오랜 시간이 지났을 때 큰아들이 먼저 아빠에게 잘못했다고 손을 내밀었습니다. 저도 "아빠가 너에게 화가 난 것은 이 세상을 살아가면서 약속을 잘 지키는 것이 중요하기 때문이다. 그래서 약속을 지키지 않은 너에게 화가 났던 거다. 가족이고 아빠니 이런 이야기도 하는 것이지 사회에서는 그냥 무시하고 너를 상대하지 않을지도 모른다. 나는 네가 약속을 잘 지키는 사람이 되었으면 좋겠다."라고 말했습니다. 아들이 잘못했다는 이야기보다는 제 감정을 저의 입장에서 그대로 전달했습니다. 그리고 아들이 먼저 말을 걸어 준 것에 대해 고맙다고 이야기하고 아들에게 아빠도 미안하다는 이야기를 함께 전해 주었습니다. 먼저 다가가지 못한 저 자신이 조금 부끄러운 시간이었습니다. 아들도 자신의 행동에 대해 반성했고 앞으로 잘하겠다고 하며 마무리하였습니다.

아빠의 진실한 마음을 이야기하니 큰아들도 아빠의 마음을 좀 더 이해해 주었습니다. 자신의 주장을 아빠의 입장으로 바꿔 주기도 했습니다.

이 세상에 진심을 이기는 것은 없다고 봅니다. 그래서 있는 그대로의 마음을 서로에게 전하는 것이 중요하다고 생각합니다. 나의 입장에서 나의 감정을 이야기하는 것입니다.

이 이야기는 특별한 이야기가 아닙니다. 신문 기사나 방송에서 많이 보셨을 겁니다. 상대방의 관점에서 이야기하면 비난으로 느끼기 쉽습니다. 누구나 알고 있지만 실천하기 어려운 부분이어서 아빠들의 더 많은 노력이 필요합니다. 이제 자녀의 관점이 아닌 아빠의 관점에서 아빠의 느낌과 생각을 전달해 주십시오. 아이들은 아빠의 진심을 있는 그대로 받아들일 것입니다.

Chapter 2

왜 우리는 같은 길을 가야 하는가?

 우리는 정해진 길을 가는 경우가 많습니다. 대체로 초등학교, 중학교, 고등학교를 졸업하고, 대학에 진학하고, 대학을 졸업해서는 취업을 합니다. 중고등학교 시절, 더 좋은 대학을 가기 위해 온 힘을 다해 공부합니다. 그리고 대학교 시절에는 더 좋은 직장을 구하기 위해 또 열심히 공부합니다. 그리고 취업하고 난 후에는 좋은 집과 좋은 차를 위해, 자녀들의 교육을 위해 또 열심히 일합니다. 어떻게 보면 앞서간 부모님, 형제자매의 길을 그대로 따라가고 있습니다. 그렇다면 앞서간 그분들의 모습은 어떠한가요? 평범하고 일상에 쫓기는 삶들이 많을 것입니다. 우리가 정해진 길을 가면, 그 모습은 쉽게 예측할 수 있습니다.

 물론 정해진 길을 가는 것은 안정적이고 어느 정도 예측 가능하기에 많은 사람이 선호합니다. 같은 이유로 우리 아빠들도 이를 선호한다고 봅니다.

하지만 2024년, 이제는 정해진 길을 간다고 해서 그 길이 안정적이라거나 예측 가능하다고 말할 수 없습니다.

가 보지 않은 길에 답이 있다

정해진 길을 가서 성공한 사람도 있지만 그렇지 않은 사람도 많습니다. 애플 창업자 스티브 잡스, 페이스북 창업자 마크 저커버그, 마이크로소프트 창업자 빌 게이츠의 공통점은 무엇일까요? 천재 사업가인 이들은 모두 대학을 중퇴한 고졸자입니다. 대학을 다니지 않는 대신 그 시간에 많은 시도와 많은 고민을 했을 것입니다. 안정적인 길을 가는 우리가 생각하지 않고 경험하지 않는 많은 것들을 말입니다.

비슷한 사례는 한국에서도 찾아볼 수 있습니다. LG전자의 CEO를 역임한 조성진 부회장은 용산공업고등학교를 졸업하고 금성사(현 LG전자)에 입사했습니다. 세탁기 분야에서 밑바닥부터 기술을 배우고 연구하여 고졸 출신으로 세탁기 장인에 올랐으며 LG전자의 부회장에 오르기까지 하였습니다.

제가 다녔던 W 게임사 이사회 박관호 의장은 국민대학교 경영학과를 다닐 때 동아리에서 게임 개발을 시작했습니다. 이후 대학을 휴학하고 오늘의 메이저 게임회사의 주인이 되었습니다. 넷마블 이사회의 방준혁 의장도 고등학교를 중간에 그만두고 콘텐츠 사업에 도전하였지만 실패한 후, 2000년 넷마블을 설립하여 오늘의 자리에 올랐습니다.

이 세 사람이 모두 정해진 길을 갔다면 오늘의 자리에 없을 가능성이 더 큽니다. 이들은 정해진 길을 가지 않고 본인들이 좋아하는 일을 찾아 도전하고 실패하며 오늘에 이르렀습니다. 무조건 대학을 가지 말아야 한다는 것이 아닙니다. 서울대 전자공학과를 졸업한 김택진 엔씨소프트 대표, 서울대학교 미학과를 졸업한 방시혁 하이브 대표도 있습니다. 그러나 중요한 것은 이분들도 학교 졸업장보다는 내가 좋아하고 관심 있는 일을 했다는 것입니다. 이 외에도 분명 다양한 분야에 자기 길을 가면서 성공한 분들이 많을 것으로 생각됩니다.

돌이켜 보면 저 역시도 정해진 길을 갔다면 지금보다 더 편하고 안정적인 길을 가고 있을지 모릅니다. 그러나 저를 둘러싼 상황에 따라 현재는 일반적으로 생각하는 정해진 길에서 벗어난 길을 가고 있습니다. 아직 진행 중이기 때문에 뭐라고 말할 수는 없습니다. 정해진 길을 가는 것보다 힘든 부분도 많습니다. 그러나 동시에 보람도 느끼며 미래의 기회도 많다고 긍정적으로 생각하고 있습니다. 특히 진로와 취업 관련 일을 하면서 자녀들과 더 많은 것들을 함께했다는 점은 정말 잘한 결정이었다고 봅니다. 아빠들과 함께 하고 싶은 이야기가 있습니다. 우리 아빠들이 지금까지 온 정해진 길을 생각해 보시고, 만약에 그 길이 아닌 다른 길을 왔다면 어땠을까 생각해 보십시오. 그 결과는 어떨까요? 자녀들의 진로와 직업도 가 보지 않은 길에서 찾아보면 좋겠다고 말씀드리고 싶습니다. 이제 아빠들도 가 본 길, 안정적인 길만 고집하지 마시고 좀 더 넓은 시각에서 자녀들의 길과 아빠들의 길을 한번 바라보십시오.

Chapter 3

자녀에게 꼭 필요한 두 가지

제가 살아왔던 어린 시절과 우리 아이들의 어린 시절을 비교해 보면 많은 차이가 있음을 새삼 느낍니다. 아이들이 성장하는 과정에서 크게 도움이 되었다고 생각하는 부분을 공유해 드리고자 합니다. 많은 아빠가 공감하실 것입니다.

첫째, 말하기 연습입니다

흔히 아이가 크면서 부모와 주변 환경으로부터 자연스럽게 말하기를 배우는 것으로 알고 있습니다. 그래서 대부분의 아빠는 말하기를 크게 중요하지 않은 것으로 생각합니다. 저 자신도 그렇게 생각했습니다. 저도 다른 사람들과 대화하는 데 전혀 문제가 없습니다. 그러나 많은 사람 앞에서 이야기할 때는 울렁증이 조금 있습니다. 그래서 강의를 처음 시작할 때 어려움이 있었습니다. 하지만 강사 15년 차에 접어드니 울렁증은 거의 사라졌습니다. 울렁증을 떨쳐 내기 위해 스피치 학원에서 교육도 받았고 많은 연습의 시간도 가졌습니다.

하지만 두 아들은 이런 부분이 아주 자연스럽다고 생각합니다. 초등학교 6년 동안 말하기 연습이 아주 잘 되었던 것 같습니다. 1년에 한 번 있는 아버지의 날에 학교를 방문해 보면, 항상 수업 전에 발표 시간이 있습니다. 하루에 두세 명씩 계속 돌아가면서 발표하는 것 같습니다. 한 반이 25명 정도이니 적어도 2~3주에 한 번은 발표해야 합니다. 발표 주제도 학생이 직접 찾고 관련 자료도 찾아 준비하는 과정이 6년 동안 이어지다 보니 말하기가 자연스러워질 수밖에 없는 것 같습니다.

자녀가 발표 시간이 없는 학교에 다닌다면 일주일에 한 번씩 가정에서 발표하는 시간을 가지면 어떨까요? 어쩌다 한 번 하는 발표보다는 꾸준히 발표하는 연습이 필요할 것입니다. 아빠들에게 물어보겠습니다. 다른 사람들 앞에서 말하는 것이 편하신가요? 다른 사람들 앞에서 말을 잘하고 싶으신가요? 우리 아이들에게 좋은 영향력을 줘 아이들이 말을 잘하면 얼마나 좋을까요?

저는 다른 사람들과 함께 있을 때 나서기를 좋아하지 않습니다. 조용히 다른 사람을 따라가는 스타일입니다. 아마도 말을 잘하지 못한다고 생각해서인 것 같습니다. 하지만 강의를 하는 지금은 달라졌습니다. 어느 정도는 주도적으로 이야기하는 편입니다. 큰아들이 고등학생 때 "아빠, 나 전교 학생회장에 출마할까 하는데 어떻게 생각해요?"라고 저에게 물어봤습니다. "그래, 멋있는 걸. 한번 잘해 봐."라고 이야기했지만, 한편으로는 약간의 의구심도 들었습니다. 나를 닮았으면 이런 생각을 하지 않았을 텐데, 하고 말입니다. 어쨌든 친구들과 피켓도 준비하고 열심히 준비하여 전교 학생회장에 당선됐습니다. 형의 영향을 받았는지, 둘째 아들도 학생회장과 비슷한 학생자치위원회에 출마하여 위원장으로 당선되었습니다. 여러 가지 이유가 있겠지만 어린 시절의 말하기 연습으로 자신감도 생기고 다른 사람을 설득하는 능력도 생겨서 이루어진 일이 아닐까 합니다.

진로와 직업을 찾는 과정에서 중요한 것 중 하나는 자신의 의견을 논리적으로 잘 말하는 것입니다. 아무리 좋은 능력을 갖췄다 하더라도 그것을 제대로 전달하지 못하면 진로나 직업을 찾는 데 영향을 줄 수밖에 없습니다. 자녀들이 이런 능력을 갖출 수 있도록, 지금보다 더 능력을 향상할 수 있도록 아빠와 함께하는 말하기 연습을 시작해 보십시오. 취업 현장에서도 면접을 볼 때 말하기가 합격에 많은 영향을 끼칩니다. 말하기는 단지 말하기로 끝나는 것이 아닙니다. 자신감부터 취업까지 영향을 줄 수 있는 중요한 요소임을 꼭 기억하시기 바랍니다.

둘째, 운동입니다

한국인 최초로 하버드 전체 수석을 한 남자의 기사를 본 적이 있습니다. 하버드 경제학과를 졸업한 진권용 님 이야기입니다. 2012년 1,552명의 졸업생 중에서 단 두 명이 전체 수석으로 졸업했는데 진권용 님은 그중 한 명이었습니다. 그의 학점은 4.0 만점에 4.0이었습니다. 학창 시절 내내 전 과목 A 학점을 받아야 가능한 일이었습니다. 그러나 공부만 잘한 것이 아닙니다. 그는 어렸을 때부터 야구, 축구, 아이스하키 등 다양한 스포츠를 즐겼다고 합니다.

운동은 인종의 벽을 허무는 좋은 수단이었습니다. 유학 초기 친구들과 어울리고 싶은데 끼워 주지 않아 소외감이 들었지만, 축구·아이스하키·야구 같은 단체 스포츠를 하면서 그런 문제를 극복했습니다. 별로 마음에 안 드는 친구라도 운동경기에서 이기기 위해서는 운동을 잘하는 친구를 섭외합니다. 또한 경쟁에서 이기려면 팀워크가 중요하기에 좋든 싫든 대화를 안 할 수 없습니다. 진권용 씨는 운동을 좋아하는 게 미국 생활에 적응하는 데 도움이 되었다고 합니다. 운동은 우리 자녀들의 초중고등학교 생활에도 중요한 요인으로 작용하리라 생각합니다.

저는 잘하는 운동이 없습니다. 운동을 좋아하지도 않습니다. 창피한 이야기지만 예전 학력고사 세대들만 아실 체력장 점수도 만점을 받지 못했습니다. 그 때문인지 제 아이들이 운동을 좋아하고 잘했으면 하는 생각이 많았습니다. 그래서 아이들이 스포츠클럽에 가입해 운동한다고 했을 때 적극 지지하고 후원했습니다. 재미있는 일은 두 형제가 각자 좋아하는 운동이 다르다는 것입니다. 큰 아들은 축구를 좋아해서 축구 클럽에, 둘째 아들은 농구를 좋아해서 농구 클럽에 가입해 몇 년간 운동했습니다. 돌이켜 보면 운동이 아이들의 리더십을 키워 주고 아이들에게 자신감도 심어 주었다고 생각합니다.

　아이들이 저와 함께한 운동은 야구입니다. 프로야구를 좋아해 보는 것은 좋아하지만 실제 해 보지는 않았습니다. 그런데 아이들이 야구를 좋아하기 시작하면서 변했습니다. 마침 고등학교 동창끼리 야구팀을 만든다고 해서 가입했습니다. 주로 교체 선수였지만 4부 리그에서 3년 동안 활동하기도 했습니다. 아이들은 엄청나게 좋아했습니다. 아빠가 야구를 한다고 하니까 말입니다. 집 근처의 공터에서 아이들과 야구 놀이도 많이 했습니다. 아이들과 시간이 맞을 때는 야구 시합에 같이 참여하기도 했습니다.

　이때의 에피소드를 하나 말씀드리고자 합니다. 자녀랑 같이 야구 시합에 참여하면 감독이 꼭 경기장에 들어갈 기회를 줍니다. 그래서 아들과 같이 가는 시합이 더 즐거웠습니다. 저는 프로야구팀 중 두산 베어스 팬입니다. 2013년에는 두산을 응원하기 위해 준플레이오프, 플레이오프, 한국시리즈 각 1경기씩을 아이들과 직접 관람하기도 하였습니다. 많은 관중 속에서 하나가 되어 응원하면서 아이들과 저도 하나가 되는 기분이었습니다. 오사카 여행 때는 오릭스 버팔로스의 이승엽을 응원하기 위해 오사카돔 경기장을 찾아 함께 응원하기도 했습니다.

　스포츠는 아이들의 건강뿐 아니라 리더십까지 키워 줍니다. 좋아하는 스포츠를 통해 아이들과 같이 운동하며 소통할 기회를 가질 수 있는 부분도 운동하는 매력이 아닐까 합니다. 자녀들과 함께할 스포츠 종목을 선택해 몸도 튼튼, 마음도 튼튼, 미래도 튼튼할 수 있도록 만들어 주십시오.

오사카돔, 이승엽 선수 사진 앞의 두 아들

Chapter 4

직업 정보의 바다 NCS를 알아보자

이제는 NCS를 알아야 할 시간

2015년도에 일학습병행제 기업현장교사 교육과 'NCS의 이해와 활용'이라는 강의를 시작하면서 국가직무능력표준(NCS)에 대해 처음 알게 되었습니다.

국가직무능력표준(National Competency Standards)은 국가가 산업현장에서 직무를 수행하는 데 필요한 능력을 지식, 기술, 태도로 구분하여 산업부문별, 수준별로 정리한 것입니다. 2002년 처음 국가에서 만들기 시작했고, 2013년에서 2015년 사이에 어느 정도 틀을 잡았다고 볼 수 있습니다.

사람들은 본인이 하는 일에 대해서는 그 일이 어떤 일을 하는 것인지, 그 일을 하기 위해 필요한 능력이 무엇인지 잘 알고 있습니다. 그러나 실제 그 일을 해 보기 전에는 어떤 일을 하는 것인지, 어떠한 능력이 필요한지 잘 모르는 경우가 대부분입니다. 하지만 NCS가 제공하는 수많은 정보를 참고하면 본인에게 적합한 직업을 찾는 데 도움을 받을 수 있습니다.

저에게 취업컨설팅을 받던 S 여대 한 학생이 어느 날 "선생님, 제가 친구들에게 상담을 잘해 줘요. 인사 업무가 상담을 많이 한다고 들었는데 인사 업무에 지원해 보면 어떨까요?"라고 질문해 왔습니다. 이 학생은 인사라는 직무를 정확히 모르는 상태에서 주변 지인의 이야기만 듣고 본인의 직업을 생각했던 것입니다.

지금 이 책을 읽는 독자 중에서도 인사라는 직업 정보에 관해 정확히 모르는 분이 많으실 거라고 생각됩니다. 저도 1992년 처음 회사에 입사할 때 인사 업무를 채용, 급여 관련 업무 정도로 생각했었습니다.

그러나 NCS를 보면 인사 업무는 인사기획, 직무관리, 인력채용, 인력이동관리, 인사평가, 핵심인재관리, 교육훈련운영, 임금관리, 급여지급, 복리후생관리, 조직문화관리, 인사 아웃소싱, 퇴직업무지원, 전직지원 등 다양한 업무를 하고 있습니다. 사전에 인사 업무를 정확히 안다면 그 일을 선택할지 말지 결정할 때 도움 받을 수 있을 것입니다. 인사 업무를 하고 싶다면 사전에 어떤 교과목을 수강해야 하는지, 어떤 준비를 해야 하는지 등에 도움도 받을 수 있을 것입니다. LG 계열사 중 한 기업의 인사 담당자는 취업 관련 인터뷰 동영상에서 "면접 시 지원하는 업무에 대해 잘 알고 있다면 후보자에 대해 좀 더 관심을 가지지 않을까요?"라고 이야기합니다. 그만큼 지원하는 업무에 대해 잘 모르는 구직자가 많다고 볼 수 있습니다.

누군가는 네이버에 정보가 더 많다고 할 수도 있습니다. 그러나 중요한 차이가 있습니다. NCS는 검증된 정보만 있지만, 네이버에는 검증되지 않은 정보도 많이 있습니다. 잘못된 정보를 가지고 취업을 준비한다면 좋은 결과를 얻기 힘들 것입니다.

지금까지 신입 구직자 입장에서 NCS를 설명해 드렸습니다. 그리고 많은 아빠가 현재 직장인으로 일하는 동시에 또 다른 경력개발을 위한 준비와 고민을 하고 계신다면, NCS를 활용하여 새로운 직무에 대한 정보와 함께 미래를 준비할 수 있을 것입니다. 지금 당장 NCS 홈페이지(www.ncs.go.kr)에 접속해 보기를 권해 드립니다.

이제 NCS를 자녀의 진로와 직업 고민에 활용해 보고자 합니다. 자녀가 어느 날 "아빠 ○○이 되고 싶어요!"라고 이야기한다면 아빠들은 어떻게 하셔야 할까요? "그래. 좋은 생각이니 그렇게 해 보자."라고 말하고 마실 건가요? 자녀를 위해 무언가를 더 해 주고 싶지 않으실까요?

방법은 너무너무 많습니다. 아빠가 아는 한도 내에서, 네이버에 검색해서, 주변의 지인에게 정보를 물어보아서 말입니다. 하지만 이제 NCS가 이를 어느 정도 대신해 줄 수 있다고 봅니다. 자녀를 위해서도, 더 나아가 아빠 자신을 위해서도 유용한 사이트입니다. 주변에 널리 널리 알려 주십시오.

  NCS가 모든 직업을 다루고 있지는 않습니다. 현재도 새로운 직무에 대한 개발이 이루어지고 있다고 알고 있습니다. 기개발된 NCS에는 직무별로 어떤 일을 하는 것인지, 필요한 능력에는 어떤 것이 있는지, 평균 연봉·평균 근속연수는 얼마나 되는지, 그 일을 하기 위해서 어떤 전공을 해야 하는지, 해당 전공이 있는 학교가 어디 있는지, 어떤 것을 배우는지, 관련 자격증에는 어떤 것이 있는지, 해당 직무에 종사하는 사람들은 몇 명이나 되는지 등 정말 다양한 정보가 있습니다. 아빠들이 NCS를 바탕으로 이야기하면, 진로와 직업에 있어서는 자녀들에게 준전문가가 될 수 있을 것입니다.
  아무리 좋은 제도나 정보도 우리가 이용하기 나름이라고 생각합니다. 적극적으로 NCS를 사용한다면 이제 자녀의 진로와 직업뿐만 아니라 아빠들의 미래도 함께 보이지 않을까 합니다.
  미래의 진로와 직업을 찾는 실습도 NCS와 기타 자료를 찾아 진행해 보시면 도움이 될 것 같습니다. 자녀가 원하는 직업이 어떤 일을 하는지, 어떤 전공을 공부해야 하는지, 또 어떤 자격증이 필요한지 등을 작성하여 진지하게 미래를 설계해 보시는 것입니다. 이제 직업의 선배로서 아빠의 능력을 보여 주십시오.

www.ncs.go.kr(국가직무능력표준)

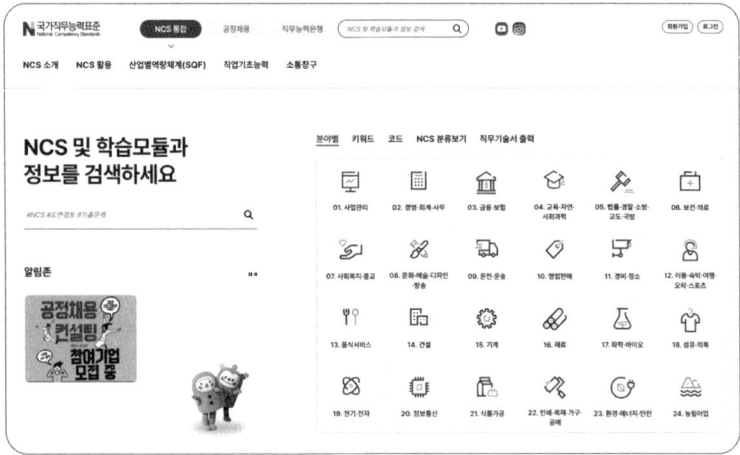

Chapter 5

직업심리검사

직업심리검사 결과에 놀란 아빠

직업심리검사라는 것을 들어 보셨을 것입니다. 실제로 해 보신 분들도 계실 것입니다. 직업을 찾는 과정에서 상담하는 분들이 가장 기본적으로 하는 검사라고 보시면 됩니다. 한 개인과 이야기만 해 보고 이런 직업이 적합한 것 같다고 이야기한다는 것은 매우 위험한 발상이며, 주관적으로 보일 수밖에 없습니다. 이때 객관적인 정보로 활용할 수 있는 것이 직업심리검사입니다. 검사 결과가 절대적인 것은 아니지만, 객관적인 측면에서 매우 의미 있는 검사입니다.

큰아들이 육군사관학교 휴학 중 타 대학에 합격하고 자퇴를 고민할 때였습니다. 아들에게 DISC 검사를 해 보게 하고 결과를 설명해 주었는데 검사 결과에 조금 놀랐습니다. DISC는 사람의 행동 유형을 D(주도형), I(사교형), S(안정형), C(신중형)로 나눕니다. 평소 아들은 D형이나 S형에 가깝다고 생각했는데 의외의 결과인 I형이 가장 높게 나왔습니다. 직업군인이라는 직업을 가지려면 I형도 필요하지만, 전체적으로 보면 군인이 일반적으로 갖는 행동 유형과는 약간 불일치가 있다는 것을 설명하고 본인의 진로를 선택하도록 하였습니다.

제가 워크넷의 직업선호도 검사를 하면 CS형(관습형, 사회형)이 나옵니다. 홀랜드의 6가지 흥미 유형으로 직업을 제시하는 것인데 실제 제가 하는 일과 검사 결과가 매우 잘 일치하고 있음을 알 수 있었습니다. 그러나 여기서 하나의 의문이 듭니다. 제가 관련 일을 계속해 왔기에 제 흥미도 그렇게 변하지 않았나 하는 부분입니다. 어쨌든 신뢰도가 100%는 아니지만, 아빠들도 이제 객관적으로 자녀를 이해하기 위하여 간단한 직업심리검사를 배워서 자녀와 소통하는 데 활용하면 좋겠습니다.

두 가지 직업심리검사

여기서는 두 가지의 심리검사를 설명해 드리도록 하겠습니다.

첫째는 Extended DISC입니다. Extended DISC[*] 진단은 전 세

---

[*] 아래의 내용은 이디스크코리아의 자료를 참고하여 작성한 것입니다.

계적으로 가장 널리 인정받고 있는 인간 행동의 개념을 설명하는 분석 도구로 대학교의 취업 준비생을 위한 학생상담 도구로도 활용 중입니다. Extended DISC 모델은 칼 융(Carl G. Jung)과 윌리엄 몰턴 마스턴(William Moulton-Marston)의 심리학 이론을 기반으로 개발되었습니다. Extended DISC는 인간의 행동 유형을 감각과 직관, 사고와 감정에 따라 네 가지 유형[주도형(D), 사교형(I), 안정형(S), 신중형(C)]으로 분류하였으며, 이를 D, I, S, C로 명명하고 있습니다.

Extended DISC의 4가지 유형은 인간 행동의 분류 기준을 두 축으로 분석했습니다. 첫 번째는 '감각-직관'입니다. 감각적 유형의 사람은 사물을 정확하게 분석하고 모든 행동이 올바른 행동인지 아닌지를 판단하는 데 많은 시간을 할애합니다. 이러한 유형은 사실과 규칙을 파악하는 데 뛰어난 능력을 발휘하여, 어떠한 상황 혹은 사람들에게 맞추어 그 사실과 규칙을 적용하고 싶어 합니다. 새로운 프로젝트를 계속해서 시작하기보다는 효율적으로 반복하고 유지하는 것에 더 뛰어납니다.

직관적인 유형의 사람은 도전, 자유, 성취, 새로움, 창의력 등을 추구합니다. 새로운 프로젝트를 시작하거나 새로운 아이디어를 찾는 것은 그들에게 매우 매력적인 작업입니다. 몇 가지의 일을 동시에 처리하기를 선호하며, 새로운 환경의 변화 혹은 새로운 사람들을 거부감 없이 잘 받아들이기도 합니다. 급박한 상황에서 충동적으로 행동하는 것은 그들에게 매우 자연스러운 일입니다.

두 번째는 '사고-감정'입니다. 사고적 유형의 사람은 사실, 목표, 규칙, 성취, 개인의 자유를 가치 있는 것으로 생각합니다. 그들은 개인적 목표를 가지고 있고, 독립적으로 일하는 것을 선호하며, 효율성을 매우 중요하게 여깁니다. 자신의 목표를 성취하는 데 있어서 다른 사람들과 일정한 거리를 두고 행동합니다.

감정적 유형의 사람은 의사 결정 전에 다른 이들의 의견을 구하려고 하며, 정보와 감정을 교환하는 것이 중요하다고 생각합니다. 그들은 팀의 참여자로서 일하기를 선호하며 팀원들이 서로 정보와 책임을 공유해야 한다고 생각합니다. 그들에게 친근하고 화기애애한 분위기를 함께 공유한다는 인식은 이러한 점에서 매우 중요합니다.

DICS의 네 가지 유형

D : Dominance-주도형
I : Influence-사교형
S : Steadiness-안정형
C : Compliance-신중형

이러한 직업심리검사의 결과를 가지고 자신의 행동 스타일과 행동 유형을 파악해 자기 이해 및 분석이 가능하며, 자신의 강·약점을 파악하도록 하고 있습니다. 자신의 성향에 어울리는 직업을 제시하는 것도 가능하도록 하였습니다.

둘째는 워크넷의 청소년 직업흥미검사*입니다. 청소년 직업흥미검사는 진로를 결정하고 직업 세계를 탐색하는 데 도움을 줄 수 있도록 개인의 흥미에 대한 과학적인 분석과 다양한 직업 세계에 대한 폭넓은 정보를 제공합니다. 중요한 것은 본 흥미검사의 결과가 청소년들의 능력이나 재능을 측정하는 것이 아니라 다양한 직업 세계에서 각 개인의 흥미가 어떻게 나타나는지를 측정한 것이라는 점입니다. 홀랜드(John L. Holland)의 6가지 흥미 유형 분류에 근거하여 자신의 특성을 탐색하고 흥미 유형에 적합한 직업을 제시하는 직업심리검사인 것입니다. 6개 유형의 흥미를 설명하면 아래와 같습니다. 이 중 검사 결과 점수가 가장 높은 2개를 흥미 코드로 설명해 주고 각각의 유형에 적합한 직업군을 제시해 주는 검사입니다.

---

* 다음 장의 내용은 한국고용정보원 워크넷의 직업심리검사 자료를 참고하여 작성한 것입니다.

홀랜드의 6가지 흥미 유형

유형		
현실형 (R)	특징	실제적이며 단순함. 여러 사람과 함께 일하는 것보다 혼자 일하는 것을 선호
	선호 직업활동	기계나 도구·사물을 조작하는 활동, 사람이나 아이디어를 다루는 일보다는 사물을 다루는 일 선호
	대표 직업	기술자, 기계 및 항공기 조종사, 정비사, 농부, 엔지니어, 전기·기계기사, 군인, 경찰, 소방관, 운동선수 등
탐구형 (I)	특징	지적이고 분석적임. 호기심이 많고 개방적임
	선호 직업활동	과학적이고 학문적인 활동, 문제 해결을 위해 아이디어를 사용하고 정보를 분석하는 일 선호
	대표 직업	언어학자, 심리학자, 시장조사분석가, 과학자, 생물학자, 화학자, 물리학자, 인류학자, 지질학자, 경영 분석가 등
예술형 (A)	특징	상상력이 풍부하고 직관적임. 개방적이며 독창적임
	선호 직업활동	재능을 가지고 창의적인 작업을 수행하는 활동 선호
	대표 직업	예술가, 작곡가, 음악가, 무대감독, 작가, 배우, 소설가, 미술가, 무용가, 디자이너, 광고, 기획자 등
사회형 (S)	특징	명랑하고 사교적임. 친절하고 이해심이 있음
	선호 직업활동	개인적인 교류를 통해서 타인을 도와주고, 가르치고, 상담해 주고, 봉사하는 활동 선호
	대표 직업	사회복지사, 교육자, 간호사, 유치원 교사, 종교지도자, 상담가, 임상치료가, 언어치료사 등
진취형 (E)	특징	권력 지향적이며 지배적임. 야심이 많고 외향적임
	선호 직업활동	타인을 설득하고 지시하며 관리하는 활동 선호
	대표 직업	기업경영인, 정치가, 판사, 영업사원, 상품구매인, 보험회사원, 판매원, 연출가, 변호사 등
관습형 (C)	특징	보수적이고 실용적임. 변화를 싫어하고 안정 추구
	선호 직업활동	고정된 기준 내에서 일하고 관례를 정하고 유지하는 활동 선호
	대표 직업	공인회계사, 경제분석가, 세무사, 경리사원, 감사원, 안전관리사, 사서, 법무사, 의무기록사, 은행사무원 등

아빠들이 이 내용을 일일이 다 기억하실 필요는 없습니다. 검사 결과 해석을 읽으시면 어느 정도 다 이해하실 수 있습니다. 중요한 것은 이러한 것들이 어떤 내용으로 구성되어 있는지만 아셔도 아이들이 아빠를 보는 시각이 바뀌고 아빠에 대한 신뢰와 존경이 커질 것이란 점입니다.

혹시 아이들과 직업체험을 할 수 있는 키자니아에 가 보신 적이 있으신지요? 여기서도 홀랜드의 6가지 흥미 유형을 기초로 하여 아이들에게 직업을 설명하고 있습니다. 이때 옆에서 아빠의 경험을 더해 좀 더 자세히 설명해 주신다면 이보다 더 좋은 직업체험을 없을 것 같습니다. 여러분이 이 세상 최고의 아빠가 될 수 있는 것입니다.

워크넷이 제공하는 청소년 심리검사 화면

PART 7

부모와 함께하는 진로캠프와
부모 대상 자녀를 위한 진로특강

부모와 함께하는 진로캠프

부모 대상 자녀를 위한 진로특강

Chapter 1

부모와 함께하는 진로캠프

2022년 9월 24일 서울올림픽파크텔에서 아빠와 자녀가 함께하는 "아빠 무슨 일(JOB) 있어?" 진로캠프 공개 과정을 처음 개최하였습니다. 제가 알고 있는 정보 내에서는 아빠와 자녀가 함께하는 약간의 놀이와 소통하는 캠프는 있지만 진로를 구체적으로 찾아보는 프로그램은 없었습니다. 참가자들도 저도 과연 어떤 결과가 있을까 설레는 마음으로 진행하였습니다.

제 자신이 저의 아이들이 어렸을 때 목말라했던 내용과 청소년 진로캠프의 내용을 바탕으로 진행하였는데 아빠들과 자녀들 모두 호응이 좋았습니다.

아빠들은 자녀의 미래 진로에 대해 구체적으로 목표를 세우고 목표를 달성하기 위한 계획을 세워 발표하면서 실천 의지를 갖게 되어 좋다고 말씀하셨고, 자녀들은 내가 무엇을 좋아하는지 알아보는 시간과 아빠와 함께하며 진로와 직업에 대해 진지하게 고민해 보는 시간이 좋았다고 이야기합니다. 너무나 당연한 것으로 생각하지만 평소 실제 하기 어려운 내용을 함께하는 소중한 시간이 되었던 것 같습니다.

2023년에는 소방청 소방공무원과 자녀들이 함께한 "아빠 무슨 일(JOB) 있어?" 중랑구 방정환교육지원센터에서 중랑구 주민과 자녀를 위한 "아빠 무슨 일(JOB) 있어?" 함안, 의령 교육지원청에서 실시한 "엄마 아빠 무슨 일(JOB) 있어?" 울산항만공사 직원들과 자녀들이 함께한 "나의 미래 무슨 일(JOB) 있어?" 진로캠프를 진행했습니다.

부모님들의 이야기 중 많이 하시는 이야기는 "내가 어렸을 때 이런 프로그램이 있었다면 나의 진로도 달라질 수 있었을 텐데."라는 것이고요. 자녀들이 가장 많이 하는 이야기는 "엄마 아빠와 함께 장시간 무엇을 해 본 경험이 처음이다."라는 것과 나의 진로나 직업에 대해 진지하게 생각해 보고 알아보는 행복한 시간이었다는 것입니다.

이 세상에 처음인 것은 많지 않습니다. 부모님과 자녀들이 함께하는 진로캠프도 아마 처음 있는 것은 아닐 것입니다. 하지만 많은 분들이 함께하지 못하고 있는 것이 현실입니다. 앞으로 많은 부모와 자녀들이 함께 미래의 진로와 직업을 고민하는 시간을 갖기를 희망합니다.

소방청 소방공무원과 자녀들이 함께한 1day 진로캠프

진로캠프 후기 (아빠)

진로캠프 후기 (자녀)

나의 미래 무슨일(JOB) 있어? 설문지

본 설문은 나의 미래 무슨일(JOB)있어? 만족도 조사를 통해 향후 프로그램 향상을 위한 것이오니 솔직한 의견 및 느낌을 적어 주시기 바랍니다.

| 일시 | 2023. 10. 7. | 부모 | 자녀 ✓ | 초 · 중 : 5 학년 |

진로캠프 후기

우리 가족에 대해 더 많이 알게 되고, 내가 원하는 직업은 무엇인지 알게 되어 좋다.

좋았던점	아쉬운점
나의 직업을 위해 더 열심히 할수 있다는 생각이 들어서 좋았습니다.	많이 해보고 싶지만, 시간이 부족하다는 것이 아깝다.

Chapter 2

부모 대상 자녀를 위한 진로특강

2023년 봄 어느 날 저녁에 전화 한 통을 받았습니다. 충청북도진로교육원이라는 곳이고 아빠들을 대상으로 진로교육을 하고 싶다는 장학사님의 전화였습니다. 그래서 부모님들 대상 자녀의 진로교육과 소통 교육을 시작하게 되었습니다. 충청북도진로교육원의 "나는 준비된 아빠인가?", "아빠와의 소통법" 김포교육지원청의 "슬기로운 진로탐색" 중랑구가족센터의 "아버지-자녀 관계증진 아자 프로젝트" 제천교육지원청의 "드림톡톡 학부모 진로특강, 엄마, 아빠 무슨 일(JOB) 있어?"를 진행했습니다.

자녀들과 소통하고 자녀들의 미래 진로와 직업에 대해 관심은 많지만 어떻게 해야 할지 모르는 부모님들에게는 의미 있는 시간이 되셨을 것입니다.

그런데 아빠들을 대상으로 하는 부모특강에는 특징이 있었습니다. 아빠들의 퇴근 후로 시간을 맞추다 보니 저녁 7시경 시작하는

데 신청 인원 대비 불참률이 높습니다. 그리고 자발적인 참여보다는 아내의 권유로 오신 분들이 많았습니다.

하지만 이렇게 아빠들이 자녀들과 소통하고 자녀의 진로에 관심을 가지고 조금씩 참여하신다는 것은 정말 의미 있는 일이라고 생각합니다.

어떤 특강이든 자녀들을 생각하며 아빠 엄마들이 들을 수 있는 특강들이 많아지고 다양해져서 저출산 문제의 이유가 될 수도 있는 자녀 양육의 어려움도 함께 해결될 수 있었으면 좋겠습니다.

좋은 아빠 엄마가 되는 것은 그냥 되지 않습니다. 이 책을 읽는 엄마 아빠들의 부단한 학습과 노력이 있어야 합니다.

좋은 아빠 엄마가 되기 위해 고민하시는 여러분들에게 응원을 보내 드립니다.

슬기로운 진로탐색 (김포교육지원청)

나는 준비된 아빠인가? (충청북도진로교육원)

에 필 로 그

저는 2009년 마지막 직장을 떠났습니다. 이후, 저의 경험을 활용해 진로와 직업을 선택해야 하는 청년과 구직자에게 도움을 주는 일을 하겠다는 생각으로 창업하였습니다.

그 후 기업의 경력직 채용, 대학의 취업교육과 상담 그리고 청소년과 부모 대상 진로교육, 자녀와 부모가 함께하는 진로캠프를 하면서 저의 생각을 하나씩 이루어 왔습니다.

그리고 저의 아이들이 성장하며 진로와 대학 진학, 직업을 고민해야 하는 상황에서, 그동안 청년 구직자들과의 교육이나 상담에서 느꼈던 청소년들의 진로와 대학 진학, 직업의 선택에 대한 교육의 필요성과 더 나아가 부모를 대상으로 하는 자녀의 진로와 직업 교육의 필요성을 느끼고 많은 부모님들과 공유하기 위해 이 책을 쓰기 시작했습니다.

이 세상에는 자녀의 진로와 대학 진학, 직업의 선택에 있어 저보다 뛰어나신 아빠 엄마들이 많이 계십니다. 그러나 그것을 공유해주시는 분은 별로 없었던 것 같습니다. 만약 이런 분이 계셨다면 제가 몇 분의 강의는 듣지 않았을까 합니다.

제가 지금껏 만난 청년, 청소년 그리고 그들의 부모님과 진지하게 이야기한 것들을 많은 부모님들, 특히 아빠들과 공유해 도움을 드리고자 합니다.

공감하는 분과 그렇지 않은 분, 바로 실행해 보는 분과 그렇지 않은 분이 계실 것입니다. 각자의 경험과 가치관이 다르기 때문에 당연한 일입니다. 모든 것은 이 글을 읽는 독자의 선택입니다.

하지만 한 가지 중요한 것이 있습니다. 아빠들이 항상 자녀의 진로와 직업에 많은 관심을 가져야 한다는 것입니다. 이 점을 잊지 않으시길 바랍니다.

책을 쓰는 일은 저 자신을 돌아보는 계기이기도 했습니다. 더 좋은 아빠가 되어야겠다고 다시 한번 다짐합니다.

마지막으로 독자 여러분께도 감사드립니다. 이 책이 여러분께 조금이나마 도움이 되기를, 자녀와 함께 진로·직업을 이야기하는 시작점이 되기를 바랍니다.

2024년 2월

정태준